LASST UNS UM EUROPA KÄMPFEN

MIX
Papier aus verantwortungsvollen Quellen
FSC® C083411

Nini Tsiklauri:
Lasst uns um Europa kämpfen

Alle Rechte vorbehalten

© 2020 edition a, Wien
www.edition-a.at

Coverfoto: Jolly Schwarz
Cover: Isabella Starowicz
Aufgezeichnet von:
Andrea Fehringer und Thomas Köpf
Satz: Sophia Stemshorn

Gesetzt in der Ingeborg
Gedruckt in Deutschland

1 2 3 4 5 — 23 22 21 20

ISBN 978-3-99001-434-9

NINI TSIKLAURI

LASST UNS UM EUROPA KÄMPFEN

Mit Mut und Liebe für eine starke EU

edition a

Für Nana, Isa, Gogi und Mary.

Dieses Buch widme ich allen Menschen,
die Tag für Tag dafür kämpfen, das Licht
der Gemeinschaft immer weiter leuchten
zu lassen, und allen GeorgierInnen und
UkrainerInnen, die ihr Leben dafür gaben.

INHALT

PLÖTZLICH AKTIVISTIN

MEIN ANLIEGEN

Dieses Buch ist keine politische Abhandlung. Dieses Buch ist ein Aufruf. Europa fühlen, Europa sein. Nichts weniger als das ist mein Ziel.

Die Europäische Union ist die größte zivilisatorische Errungenschaft unserer Geschichte. Das Beste, was wir als Menschheit je geschafft haben.

Manche schmunzeln sanft, wenn ich das sage, und ich sage es immer und überall. Sie halten mich für vertrauensselig, gutgläubig, sie halten mich für naiv. Einerseits bewundern sie dieses Vertrauen in die Menschen, das Zutrauen in die Sache. Andererseits blitzt hinter dem freundlichen Lächeln so eine etwas überhebliche Nachsicht durch. Bei manchen ist es auch eine nachsichtige Überheblichkeit. Ein Ach-Mädel-du-wirst-auch-noch-draufkommen.

Aber draufkommen worauf? Wie schlecht die Welt ist?

Da kann ich alle beruhigen, der Zug ist abgefahren. Dafür hat schon meine Geburt gesorgt. Ich kam in Georgien zur Welt, einer Ecke Europas am östlichen Rand des Kontinents, wo Freiheit und Frieden nicht selbstverständlich sind. Deshalb brenne ich ja so auf einen Garanten für ein friedliches und freies Zusammenleben der Menschen, darum brenne ich so für die Europäische Union.

Es ist das erste Mal in der Geschichte, dass sich so viele Menschen dem Gedanken von Demokratie, Solidarität, Menschenrechten, Rechtsstaatlichkeit und Frieden verpflichtet haben. Verbunden zu sein in Vielfalt. Das leben wir. Das verbindet uns. Auf Papier haben wir es geschworen: Wir sind füreinander da. Das sehe ich nirgendwo anders auf der Welt. Dieses Einstehen für Sicherheit, Frieden und Freiheit.

Die Europäische Union ist ein Leuchtturm der liberalen Demokratie. Und des Friedens und der Freiheit, ich kann es nicht oft genug sagen. In diesem Licht erstrahlen Menschen- und Bürgerrechte, die Gleichberechtigung in einer offenen Gesellschaft.

Seitdem das Licht in diesem Leuchtturm zu flackern begann, gehe ich auf die Straßen und versuche, Menschen darauf aufmerksam zu machen, dass wir es erhalten und schützen müssen. Dass es weiterhin leuchten muss.

Warum? Weil ich weiß, wie es ist, wenn es ausgeht.

Ich versuche, das Feuer, das dieses Licht nährt, in jedem von uns zu entfachen. Die Herzen für das Gemeinsame zu entflammen. Das europäische Feuer möge lodern wie das olympische. Ja, manchmal geht die Begeisterung mit mir durch.

Jedenfalls versuche ich, eine Haltung zu stärken und einen Geist zu schaffen, der uns alle immer wieder daran erinnert, dass wir nur gemeinsam stark sind. Nur miteinander etwas ausrichten können.

Ich bin nicht so naiv zu glauben, dass das schon alle Probleme löst, die wir zweifelsohne haben. Ich erwarte auch nicht, dass sich die EU irgendwann einmal in allem einig sein wird. Jede Einigung muss erstritten werden. Und das ist gut so. Wir müssen uns zusammenraufen. Wie es halt ist in einer riesigen Familie, man kann sich streiten, aber man wird sich nie entzweien, zumindest sehe das ich so.

Die globalen Krisen kann kein Land allein lösen. Auf die großen Fragen hat kein Staat allein die Antwort. Das können wir nur unter dem Dach der Union. Mit ihren Mitgliedsstaaten, mit ihrer Bevölkerung, mit jeder einzelnen Bürgerin, jedem einzelnen Bürger. So schnell ist man vom Dach beim Fundament. Bei denen, die so ein Staatsgebilde tragen. Für wen wäre es sonst auch da?

Das Fundament sind also wir. Und ohne dieses Fundament ist nichts zu erreichen. Es liegt an uns, was wir aus Europa machen.

Solidarität zu leben, ist eine Frage des Wollens. Ohne Angst. Mit Mut. Ich will.

Und ich will, dass ihr wollt.

Ich vermittle ein Gefühl. Das sehe ich als meine Aufgabe und mein Ziel. Dieses Gefühl der Zusammengehörigkeit zu einem festen Boden zu machen, auf dem wir alle auch wirklich stehen wollen. Und können. Den Spirit der Gemeinschaft stärken. Komme, was wolle. Wenn wir so verbunden sind, bleiben wir auch verbunden. Dann können wir alles meistern. Von Migration bis Pandemien, von Wirtschaftskrisen bis Klimawandel.

Denn das ist heute wichtiger denn je.

Neben dem Covid-19-Virus haben wir zusehends auch mit einem anderen Virus zu kämpfen. Mit der illiberalen Demokratie, die sich von innen heraus verbreitet und die EU Schritt für Schritt zerstören möchte. Es drohen die Einschränkung der Bürgerrechte, die Errichtung einer Medienzensur, es wird an der Verfassung und Gewaltenteilung gerüttelt und im Internet gezielt desinformiert. Diese Gefahren lauern direkt vor unserer Nase.

Meine Vision ist einfach. Meine Vision ist ein europagroßer Menschenteppich, geknüpft aus einem reißfesten Material aus Verve und Willen, verknotet mit Verantwortung und Zuversicht. Immer wieder werden hier und da Stellen schütter, fortwährend muss man ihn irgendwo reparieren, aber alles in allem kriegt ihn niemand kaputt. Auf so einem Teppich möchte ich Europa stehen sehen.

Deshalb sind wir unentwegt am Knüpfen. Dauernd hängen irgendwo lose Enden herum, viele Fäden sind überhaupt nicht ins große Gefüge einzuweben, andere rutschen immer wieder weg, sind bocksteif, statt sich auch nur ein wenig zu biegen, um sich mit den anderen verbinden zu lassen. Stellenweise ist der Europa-Teppich schon recht nachhaltig verwoben, dazwischen bilden sich aber immer mehr hartnäckige Knäuel aus einem Material, das so gar nicht zum übrigen passt. Und manchmal sind wir auch müde und frustriert, weil noch so viel Arbeit vor uns liegt, und knüpfen halbherziger vor uns hin.

Aber das wird schon. Sagt die Naive mit ihrem unschuldigen Glauben an das Gute in den Europäern. Und warum auch nicht?

Nichts hat so sehr gezeigt, was eine Bewegung zu bewirken imstande ist wie *Fridays for Future*. Ein Netz aus der Kraft der Jugend, die man vorher nie ernst genommen hat, und die jetzt nicht mehr zu ignorieren ist. Mehr noch, mit der man rechnen *muss*. So eine Basis stelle ich mir vor. Die sicherstellt, dass nichts mehr von oben diktiert werden kann, was unten nicht angenommen wird.

Europa ist ein Gefühl.

Wenn Mut, Zusammenhalt, Vielfalt, Respekt, Zukunfts- und Freiheitsliebe an einem Ort zusammentreffen, entsteht es automatisch. Dann liegt es in der Luft, ihr könnt es fast greifen, das elektrisierende Europa-Feeling. Ich weiß es, ich habe das erlebt.

Wer ist sie denn, mag jetzt jemand denken. Wie kommt sie eigentlich dazu, sich so hervorzutun?

Ehrlich? Ich habe es mir nicht ausgesucht, das müsst ihr mir glauben. Ich werde gern als die Stimme der Zivilgesellschaft herumgereicht, aber das war kein Berufswunsch. Ich bin nicht als Kind eines morgens aufgewacht und habe zu meinen Eltern gesagt: Ich weiß jetzt, was ich werden will, wenn ich groß bin. Ich werde die Stimme der Zivilgesellschaft.

Ich bin keine Greta Thunberg, weder von innen noch von außen. Ich bin ein ganz normaler Mensch, wie so viele andere auch. Ich bin wie du. Nur meine Geschichte ist etwas anders, sie befähigt mich, meinen Job mit Herz zu machen.

Ich habe gesehen, was es heißt, wenn wir nicht in Frieden leben. Das ist es ja, was wir in unseren privilegierten, friedlichen Zeiten gar nicht realisieren. Krieg sieht man. Keinen Krieg sieht man nicht. Frieden ist so unsichtbar wie selbstverständlich, wenn er siebzig Jahre dauert.

Ich habe einen Lebenslauf, in den Europa eingeflochten ist. Ich bin in Georgien geboren und mit meinen Eltern nach Ungarn ausgewandert. In ein Land, das Georgien in Infrastruktur und Technik weit voraus war. Stetig fließendes Wasser oder eine stabile Stromversorgung waren in der Schule in Tiflis die Ausnahme. In Mitmenschlichkeit und Toleranz zeichnete sich Ungarn dagegen weniger aus. Die feindliche Einstellung gegenüber allem Fremden veranlasste meine Eltern, wieder nach Georgien zurückzukehren. Ein paar Jahre später ergab sich über ihr Studium die Möglichkeit, nach Deutschland zu gehen. Da war ich zehn Jahre alt, und ich wurde zu einem ganz normalen europäischen Mädchen.

Dem dann ein paar gar nicht ganz normale Dinge passierten. Noch als Schülerin hatte ich Erfolg als Schauspielerin. Als Schauspielerin hatte ich die Gelegenheit, Angela Merkel zu treffen und sie zu bitten, sich beim NATO-Gipfel für einen Beitritt Georgiens auszusprechen. Als Urlauberin musste ich im Kaukasuskrieg unter Bombenbeschuss aus meinem eigenen Land fliehen. Und als Georgierin gab ich mir daraufhin das Versprechen, alles dafür zu tun, um etwas zum Positiven zu verändern, sofern ich das überlebe.

Und das tat ich.

Ich engagierte mich in Jugendparlamenten. Ich schrieb Artikel und nutzte meine Bekanntheit als Schauspielerin und Sängerin, um mich für Europa einzusetzen. Dann musste ich mich entscheiden, welche Rolle ich weiterhin spielen wollte. Die des Teenie-Idols oder die der Kämpferin für ein geeintes Europa. Ich übersiedelte nach Wien, um Politikwissenschaften und Internationale Beziehungen zu studieren. Dann wurde Trump gewählt, Großbritannien stimmte haarscharf für den Brexit, und ich holte die Pulse-of-Europe-Bewegung nach Wien. Ich wurde zur Aktivistin.

Pulse of Europe ist keine Partei, keine Institution, keine Organisation, und damit nichts Offizielles, dem man gleich einmal misstrauen müsste. Wir sind eine Bewegung und haben niemanden, der uns etwas vorschreibt. Wir haben keine Posten, die wir verteidigen müssen, keine Wahlen, die wir gewinnen müssen. Wir sind bloß begeisterte Befürworter der Europäischen Union und besorgt, dass die vielen begeisterten Gegner die EU spalten und zerschlagen könnten. Im Zuge des Rechtsrucks, der durch Europa zuckte, keine unberechtigte Befürchtung.

Die Menschen in Europa nutzen das Potenzial nicht, das sie haben. Deshalb gibt es Pulse of Europe. Um die schweigende Mehrheit zum Reden zu bringen. Sich gegen das auszusprechen, was Europa schwächt.

Die Regierungschefs sind an der Verantwortung, sie sitzen an den Hebeln, aber sie wurden von den Menschen in ihren Ländern gewählt. Von uns, egal welcher Nationalität wir angehören. Wir können Druck an unseren Regierungen ausüben. Den Politikern auf die Finger klopfen. Wir müssen diese Möglichkeit nur nutzen.

In 22 europäischen Staaten gingen deshalb Europäerinnen und Europäer in 180 Städten auf die Straße. Gleichzeitig. Jeden Sonntag um zwei Uhr nachmittags, was damals noch kein Virus verhinderte. Ich wollte, dass auch Wien dazugehört. Als Rückhalt für die EU. Als Rückhalt für jeden von uns, weil wir alle es sind, die die EU ausmachen.

Da ist es wieder, das Gefühl, das ich meine.

Es umgab uns wie viele starke Arme. Wir waren in so vielen verschiedenen Städten weit über Europa verstreut, aber wir fühlten uns nah. Zusammengehörig. Wir fühlten uns eins miteinander.

Immer wieder werde ich gefragt, ob es nicht um mehr geht als um das Gefühl. Ob es nicht Fakten sind, derer wir uns mehr annehmen müssten. Mehr konkrete Themen, mehr aktuelle Probleme. Ob Fühlen wirklich genug sei, um Europa mit seinen vielen Sollbruchstellen und seiner ganzen Reformwürdigkeit aus dem Tief zu heben, in dem es steckt.

Ja. Sicher. Gefühl allein ist nicht die Lösung. Aber es ist das Gebiet, auf dem ich daheim bin. Das ich vermitteln kann. Für die konkreten, spezifischen Herausforderungen gibt es Expertinnen und Experten. Ich mache meine Arbeit an der harten Basis. Ich helfe mit, den Teppich zu knüpfen. Denn ohne ihn können auch die gescheitesten Expertinnen und Experten nichts ausrichten.

Ich fühle Europa. Ich atme Europa. Ich bin ein Teil von Europa. Ich habe eine EU-Staatsbürgerschaft. Ich bin privilegiert. Ich bin dankbar.

Andere vergessen oft, welches Privileg sie als Europäerinnen und Europäer haben. Ich erinnere sie gerne.

Auch wenn das nicht immer ein leichter Job war. Ich war Lampenfieber gewöhnt, aber es war richtige Angst, die ich ausstand, bevor ich auf der Straße wildfremde

Menschen ansprach und ihnen das offene Mikrofon in die Hand drückte, damit sie für alle hörbar ihre Meinung über die EU sagen konnten. Positiv oder negativ. Ich war Kameras gewöhnt, aber ohne Text aus einem Drehbuch zu sprechen, war dann doch etwas anderes. Noch dazu live in einer politischen TV-Sendung, in der Experten, Intellektuelle oder Politiker zu Wort kamen.

Auf einmal war ich nicht nur Stimme, sondern auch Gesicht einer Überzeugung. Öffentlich für eine Sache einzutreten, erfordert Mut. Ich weiß genau, was ich da von anderen verlange. Sich hinzustellen und sagen, ihr könnt ruhig über uns lächeln, verdient Anerkennung und Beifall.

Nach und nach wurde ich zu offizielleren Anlässen gebeten. Ich hielt Reden, wurde zu Diskussionen eingeladen, man sah mich im Fernsehen. Ich fühlte mich wie ein Fisch im Wasser. Nur irgendwann ließ die Energie langsam nach, es gab mehr und mehr Termine hintereinander, was wahnsinnig viel Kraft, Ausdauer und Geduld erforderte. Vor allem als Frau. Niemand ist gerne Zielscheibe. In den sachbezogenen Veranstaltungen hatte ich als Vertreterin der Leidenschaft eindeutig den Part der Naiven.

Ich bin keine Expertin auf jedem Gebiet. Aber ich bin Expertin in Sachen strategische EU-Kommunikation und Europäisierung, und spezialisiere mich nun auf Desinformation und hybride Kriege. Ansonsten bin ich eine von 448 Millionen europäischen Landsleuten. Genau wie jeder andere von uns. Und jeder andere, ab einem denkfähigen Alter, kann ebenso viel bewirken wie ich. Wenn das alle machen, sind wir die größte Kraft.

Mit diesem Buch möchte ich genau dazu aufrufen.

Tut etwas!

Es gibt genug sachliche und systemkritische Bücher über die EU, aber es gibt keines, das das Herz Europas zeigt, und was die Zivilgesellschaft tatsächlich drauf hat. Was die Menschen, die sich aus ihrer überparteilichen Überzeugung für Europa heraus engagieren, alles leisten.

Tut, was euch möglich ist, was euch liegt, womit ihr Freude habt. Es gibt so viele Arten, im Alltag für uns alle zu kämpfen. Von Bürger zu Bürger, auch in Corona-Zeiten. Zugegeben, wir hatten es leichter ohne Pandemie. Aber auch wir müssen uns jetzt halb bis ganz aufs Internet verlegen und uns hybride neue Wege suchen. Werdet Teil dieses Gestaltungsprozesses. Wir sind für jede Mitdenkerin und jeden Mitdenker dankbar.

Reden, streiten, überzeugen. Immer wieder von vorne. Immer wieder mit neuen Menschen. Es ist, als wäre man seine eigene Werbetrommel. Ich trage dazu noch ausschließlich Blau und Gelb und schleppe überall meine EU-Fahne mit. Aber so weit muss man ja nicht gehen.

Es ist eine selbstlose Liebe, die ich zur Europäischen Gemeinschaft entwickelt habe. Deshalb überfordert mich auch die Frage, was denn die EU jedem von uns persönlich bringt. Aber ich kann sie für mich beantworten: Gäbe es Europa nicht, würde mir die Luft zum Atmen fehlen, das Wasser zum Trinken, ich könnte nicht arbeiten, nicht einkaufen, nicht in Frieden, Vielfalt, Gemeinschaftlichkeit und Gleichberechtigung leben. Ich könnte nicht stu-

dieren, nicht verreisen, nicht mitbestimmen, nichts bewirken und nicht frei sein.

Jedes einzelne Stichwort, das in der EU festgeschrieben
ist, gilt auch persönlich für jeden von uns. Jedes Schlag-
wort, das schon tausend Mal getrommelt wurde, darf jeder von uns auch persönlich auf sich beziehen. Rechtsstaatlichkeit, Gerechtigkeit, Sicherheit, Frieden sind
große Worte. Aber sie wirken bis ins Kleinste. Wenn wir
sie als Sprechblasen empfinden, könnte das auch daher
kommen, dass wir uns nicht tagtäglich nach ihnen seh-
nen müssen.

Wenn ich meine Biografie erzähle, versteht man Europa.
Vereint in Vielfalt. Ich bin die Erfolgsgeschichte. Beim Salzburg Congress stand ich, in knallblauem Hosenanzug, vor
einer Tribüne staatsmännischer Anzüge und erzählte, wie
es durch meine Förderlehrerin möglich gewesen war, mich
zu integrieren, und dass das zeige, wie es sehr wohl gelingen kann, Kindern die Chance zu geben, sich zu entwickeln.
Die Anzugträger fielen über mich her und warfen mir Blüm-
chenpolitik vor und wie unrealistisch das nicht sei.

Auf einmal waren die Schülerinnen und Schüler, die bis-
lang in den hinteren Reihen fast eingenickt waren, hellwach.
Es war eine siebte oder achte Klasse, jedenfalls kurz vor der
Matura. Spontan begannen sie, meine Kritiker auszubuhen
und applaudierten mir schließlich im Stehen.

Nach der Veranstaltung kamen sie auf mich zu und bedankten sich für meinen Vortrag: »Seit zwei Tagen sitzen wir hier, aber das war die erste lebendige Diskussion.
Dank Ihnen.« Sie siezten mich! »Endlich spricht jemand

für uns. Wenn wir so alt sind, wollen wir so werden wie Sie.« Ich war stolz und überwältigt.

Dieses Buch erzählt im Grunde genau diese Geschichte, eine Geschichte aus einem echten Leben. Meine Europa-Geschichte. Sie soll die Menschen innerhalb der EU aufwecken und wachsam machen, um uns zur Wehr setzen zu können.

Als ich 2019 für die NEOS bei den EU-Wahlen kandidierte, musste ich mich wieder entscheiden. Europabewegung oder Europapolitik. Ich entschied mich für die Politik. Wir brauchen ein klimafreundliches Wirtschaftswachstum, Investitionen in erneuerbare Energie, Sanktionen gegenüber Umweltsünder, mehr Zusammenarbeit in Sicherheit und Verteidigung für Europa.

Wir brauchen Weiterentwicklung in der EU, damit sie überhaupt entscheidungsfähig und handlungsfähig wird. Denn derzeit wird vieles, was im Europäischen Rat entschieden werden soll, von den Regierungschefs blockiert. Wir kommen nicht voran. Bei den Wahlen verlor ich. Aber mein Engagement ist ungebrochen.

Vor allem in Richtung europäische Verfassung. Die Verträge, auf denen alles beruht, sollen auf einen Verfassungsvertrag gebracht werden, in dem auch die Werte festgeschrieben sind, die unser Grundbewusstsein nähren. Ein Dokument wie ein einigendes Dach. Ein Postulat für die Freiheit, ein Postulat für den Frieden.

Lasst uns das Licht im Leuchtturm der europäischen Idee bewahren. Lasst uns die zwölf gelben Sterne zum Pulsieren bringen. Lasst uns das emotionale Fundament Europas neu errichten.

Ich lebe meinen Traum, die Europäische Union durch die Europäerinnen und Europäer neu zu begründen und in Georgien eines Tages den Frieden zu sichern.

Ich halte mich an Winston Churchill: »Gib niemals nach – niemals, niemals, niemals, niemals, in nichts Großem oder Kleinem, in nichts Großem oder Kleinlichem, gib niemals nach, außer in Überzeugungen der Ehre und des gesunden Menschenverstands. Gib niemals der Gewalt nach; gib niemals der scheinbar überwältigenden Macht des Feindes nach.«

Deshalb rufe ich euch auf mit diesem Buch:
Lasst uns um Europa kämpfen.*

---

*Du könntest AktivistIn werden. Lesen auf eigene Gefahr.

»Es lebte einst ein König, der dreißig Kinder hatte. Als er eines Tages dem Tode nahe war, bat er seine Kinder, dreißig Pfeile zu holen. Er schnürte alle Pfeile vor ihnen demonstrativ in einem Bündel zusammen und versuchte sie zu brechen. Er scheiterte. Dann nahm er einen Pfeil nach dem anderen heraus, zerbrach sie einzeln und sagte zu seinen Kindern: »Wenn ihr zusammenhält, wird euch der Feind nicht brechen können, genauso wie ich nicht die Bündel dieser Pfeile brechen konnte. Wenn ihr jedoch auseinandergeht, wird euch der Feind alle einzeln erwischen und brechen.«

– Sulchan-Saba Orbeliani 1700 n. Chr.
(georgischer Fürst, Mönch,
Diplomat und Schriftsteller)

HÖLLENFEUER

Die Sonne brennt mir in den Augen. Ich starre aus dem Autofenster hinauf in einen wolkenlosen Himmel. Das endlose Blau, das sich über all das spannt, was gerade hier unten passiert, ist grotesk. Der Gegensatz könnte nicht schärfer sein. Dunkle Stunden in gleißendem Sommerlicht. Dieser Himmel über uns ist nicht mehr freundlich, er ist voller Gefahr.

»Seht ihr Flugzeuge?«, fragt mein Vater, »seht ihr welche?«

Ich sitze auf dem Rücksitz eines großen, kaputten Geländewagens, in dem es trotz Motorenlärm unheimlich still ist. Selbst das Radio gibt keinen Ton mehr von sich. Wenn ich nicht in den Himmel starre, sehe ich das angespannte Gesicht meines Vaters im Rückspiegel. Er blinzelt im Fahrtwind, der durch die zerbrochene Frontscheibe pfeift. Ich umklammere den Türriemen, dass es fast wehtut. Mein kleiner Bruder umklammert meinen Arm, dass es richtig wehtut. Auch er gibt keinen Mucks von sich, in seinen Augen liegt derselbe angstvolle Blick wie in denen meines Vaters. Meine Mutter schaut zum anderen Autofenster hinauf in das unheilvolle Blau.

»Sagt sofort Bescheid, wenn ihr Flugzeuge seht«, sagt mein Vater, »seht ihr sie schon?«

Niemand antwortet.

Wir fahren schnell. Auf der Autobahn nach Gori sind kaum Menschen unterwegs. Normalerweise herrscht hier ordentlich Verkehr, aber heute ist nicht normalerweise.

Die Ost-West-Fernstraße ist in diesen Tagen im August 2008 nicht bloß die Verbindung zwischen Südossetien und Gori, sie ist Ziel russischer Luftangriffe. Der einzige Weg von Ost nach West führt durch das Kriegsgebiet.

»Wir müssen diesen Weg nehmen«, habe ich meine Eltern in der Früh flüstern gehört. »Er ist der einzige Richtung Westen. Wenn wir dort nicht durchkommen, schaffen wir es nicht. Die S1 ist unsere einzige Chance«, sagte mein Vater leise, aber eindringlich. »Wenn wir zurückbleiben«, er machte eine Pause, »werden sie uns töten.«

Es war sehr früh am Morgen, aber für mich machte es keinen Unterschied. Ich konnte ohnehin nicht schlafen, seit der Krieg begonnen hatte. Unter meinem Kopfkissen lag ein Foto von meinen Freunden aus Deutschland. Ich schaute mir jedes der Gesichter an, als würde ich es nie wiedersehen, und weinte leise. Dann betete ich still, für meine Familie, für meine Freunde und für alle Menschen in diesen frühen August-Tagen in Georgien, wo um Südossetien und Abchasien gekämpft wurde.

Für alle anderen Menschen, die darüber in den Nachrichten hören, ist es der sogenannte Kaukasus-Krieg. Für uns, die wir ausgerechnet in diesem August aus Deutschland wieder einmal heimgekommen sind, um unsere Verwandten zu besuchen, ist es die Angst, von einer Bombe getroffen zu werden, bevor wir das Land wieder verlassen können. Ich lag im Bett und dachte an meine Oma. Ich weinte und hielt mich an meinem Foto fest.

Nun sitze ich in dem kaputten Geländewagen und fühle das Foto in meiner Hosentasche. Das Blau des Himmels, in dem ich angestrengt nach Flugzeugen Ausschau halte, blendet mich. Ich schaue auf meine Füße hinunter. Meine Stiefel sind seit heute morgen fester zugebunden als sonst. Für alle Fälle.

Die leere Straße nach Gori ist unheimlich. Es ist, als ob das Land ausgestorben wäre. Gori, denke ich, dort ist Stalin geboren. Was für ein sinnloser Gedanke. Die Stille ist fast noch unheimlicher als die Leere. Nur der Wind zischt ab und zu mal laut durch die zerbrochene Windschutzscheibe. Wir holpern über zerbombten Asphalt.

»Sobald ihr Flugzeuge am Himmel seht, halten wir an«, sagt mein Onkel, der darauf bestanden hat, uns zu fahren. »Wir bleiben stehen, hört ihr, sofort, ihr steigt aus und legt euch mit ausgestreckten Armen in die Wiese. Das ist wichtig. Ist das klar?«

Ich suche wieder den Himmel ab. Das Blau kommt mir immer absurder vor, Urlaube über dem Krieg. Ich greife zu dem Foto in meiner Hosentasche, taste, ob es noch da ist. Ein Geräusch reißt uns aus der Stille. Ich habe das Gefühl, es reißt mir die Ohren weg. Eine Bombe ist explodiert. Direkt vor uns. Auf der Straße. Ein paar Meter weiter vorne und wir wären tot. Dunkler Rauch steigt auf und formt einen riesigen Pilz am Himmel. Wir steuern genau auf ihn zu.

»Wir müssen da durch«, sagt mein Onkel, seine Stimme ist fest. Er drückt aufs Gaspedal. »Wir dürfen jetzt nicht umkehren.«

Wir preschen hinein in die rauchende Dunkelheit. Gleich darauf brennt es um uns herum. Alles steht in

Höllenflammen, schwarzer Rauch nimmt uns die Sicht. Die kaputte Windschutzscheibe schützt uns nicht vor der lodernden Luft, sie brennt in der Lunge. Wir sehen nicht einmal mehr die Kühlerhaube, gleich darauf ist das Wageninnere schwarz verqualmt. Ich spüre jeden einzelnen Herzschlag, vergesse zu atmen. Es ist brennend heiß, das Metall der Karosserie glüht. Die Hitze ist unerträglich. Mein Bruder klammert sich noch fester an mich, er schluchzt. Ich ziehe ihn an mich und halte ihn. Ich schließe die Augen. Will weg aus diesem Albtraum.

Ich nehme meine kleine Digitalkamera aus der Tasche und drücke auf *rec* wie auf Autopilot. Ich sehe das Feuer, die zerbombten Häuser und Autos am Straßenrand durch das Objektiv. Ich filme die Bombeneinschläge vor uns, die Zerstörung und unsere zerschossenen Scheiben. Ich nehme alles auf und mit.

»Lieber Gott«, flüstere ich und mache die Augen wieder zu. Wenn ich das hier überlebe, dann werde ich alles tun, um hier etwas zum Positiven zu verändern. Ich werde es selbst in die Hände nehmen und alles in meiner Macht Stehende für Frieden, Freiheit und Gerechtigkeit tun. Es ist wie ein Schwur, den ich mir selbst gebe in diesem Höllenfeuer. In gespenstischer Gleichzeitigkeit wird es heller vor uns. Der Wagen durchstößt den Rauch, hüpft heraus wie aus einem Feuerball.

Ich drehe mich um, schaue ein letztes Mal nach hinten, als eine Schranke herunterfällt. Er stoppt die Autos hinter uns, und alles verschwindet in dem dunklen Qualm.

MEIN
WEG
NACH
EUROPA

STERNENWANDERN

Ich darf mich jetzt einmal ordentlich vorstellen: Mein Name ist Nini Tsiklauri. Ich bin das Mädchen, das im Höllenfeuer vor Gori geschworen hat, alles in seiner Macht Stehende für Frieden, Freiheit und Gerechtigkeit zu tun, sofern ich lebend dort rauskomme. Damals war ich sechzehn, ich bin lebend herausgekommen und habe Wort gehalten. Ich tue das in meiner Macht Stehende. Seit zwölf Jahren. Nicht zuletzt mit diesem Buch.

Ich bin die Nini Tsiklauri, die ihre Wurzeln in Georgien hat und in Ungarn und Deutschland aufgewachsen ist. Obwohl Georgien nicht zur EU gehört, ist meine Geschichte eine durch und durch europäische Geschichte.

Deshalb bin ich auch Nini Tsiklauri, die Europäerin. Die junge Frau mit dem blau-gelben Herzen, das für die Europäische Union schlägt. Ich war Schülerin, ich wurde Schauspielerin, jetzt bin ich Aktivistin für eine Gemeinschaft der Europäer, die unerschütterlich zusammenhält.

Komisches Gefühl, wenn ich das für euch so kurz zusammenfasse. 28 Jahre im Schnelldurchlauf. Aber das ist sie, die Essenz meiner seltsamen Lebensgeschichte, die so untrennbar mit meinem Engagement für die EU verwoben ist. Sie beginnt 1992 in Tiflis, wo ich auf die Welt kam, als sich mein Heimatland Georgien mitten in einem der schmerzhaftesten Kapitel seiner jüngeren Geschichte befand.

Gerade war der Kommunismus zusammengebrochen, seine Bollwerke gefallen. Die Berliner Mauer eingerissen, der Eiserne Vorhang demontiert, die Wende in Deutschland, der Untergang der Sowjetunion. Was Jahrzehnte lang als eine der beiden Weltmächte galt, begann in der Form, wie man sie so lange gekannt hatte, von der Landkarte zu verschwinden. Die Westmächte und der Ostblock. Diese Zweiteilung der Welt war Geschichte. Sie bekam ein anderes Gesicht.

Für Georgien hieß das die langersehnte Freiheit, das Land erlangte seine Unabhängigkeit. Gleichzeitig aber steckte es in einer tiefen Wirtschaftskrise. Russland hatte 1990 eine Wirtschaftsblockade verhängt, unter der Georgien fast in die Knie ging. Dazu der Bürgerkrieg in den georgischen Regionen Südossetien und Abchasien. Im Westen wurden die Kämpfe als von Georgien ausgehende Rückeroberung zweier Provinzen ausgelegt. In Wahrheit nutzte Russland die Separatisten in Abchasien und Südossetien für Massenmord und Vertreibung der dort lebenden Georgierinnen und Georgier. Eine Viertelmillion Menschen wurde dort aus ihrer Heimat vertrieben. Aus der langerkämpften Hoffnung meiner georgischen Landsleute auf eine Zukunft in Frieden und Freiheit war schnell ein Albtraum geworden.

Gescheitert und um Macht ringend, hielt Moskau an etwas fest, das der Hoffnung die Kehle zudrückte. Die knapp vier Millionen Georgier in diesem kaum siebzigtausend Quadratmeter kleinen Land fühlten sich ihrer Zukunft beraubt. Und ich spreche da nicht von lebensfremder Politik. Ich spreche von Realität und Alltag. Von persönlichem Erleben. Wie alle anderen war auch meiner Familie und mir die Aussicht auf ein Leben in einem offenen Land genommen. Verwehrt, bis zum heutigen Tag. Zerstört war die Perspektive Georgiens, jemals ein Teil der westlichen Welt, der EU oder der NATO zu werden.

Da bin ich also, 1993, ein Baby, noch kein Jahr alt. Ich liege in den Armen meiner jungen Eltern an einer großen, alten postsowjetischen Bus-Station, umgeben von Bürgerkrieg, Wirtschaftskollaps, Arbeitslosigkeit, Elend und Armut. Meine Großmutter, so erzählte man es mir, wischt sich hastig die Tränen von den Wangen. Tränen nützen nichts in Momenten wie diesen. Wir müssen stark bleiben, das war schon immer der Satz, der die Familie aufrecht und zusammenhielt.

Die Monate davor hatten wir bei Oma auf dem Land verbracht. Tiflis war ein gefährliches Pflaster geworden, insbesondere mit einem Baby wie mir. Die Hauptstadt stand mitten im Schusswechsel. Doch die Umstände waren auch am Land immer schlechter geworden. Die lückenhafte Lebensmittelversorgung, die kaum vorhandene Infrastruktur, die organisierte Kriminalität, ein kleines Land lag in einem riesigen Scherbenhaufen.

Das größte Ziel meiner Eltern war eine lebenswerte Zukunft für ihre Kinder. Wir sollten es später nicht nur besser, wir sollten alle Chancen haben. Wie die Dinge lagen, war das in Georgien nicht möglich. So etwas geht nur auf der Basis einer guten Ausbildung. Und die fänden wir nur in Europa. Europäische Bildung, das war also die Parole.

Eine gute Ausbildung in Europa war das einzige Fundament, auf dem sich alle Möglichkeiten aufbauen ließen.

Sie war die Voraussetzung für alles. Nur mit dem Rüstzeug einer solchen Bildung konnte etwas aus uns werden, und nur diese Bildung konnte uns in die Lage bringen, später auch hier, vor Ort in unserer Heimat, etwas zu bewegen. Unsere einzige Zukunft lag also darin, die Heimat zu verlassen.

Davon waren meine Eltern überzeugt, und sie überzeugten meine Großeltern. Obwohl überzeugen vielleicht etwas zu hoch gegriffen ist, eher war es ein Überreden. Jedenfalls stimmten sie der großen Reise zu. Meine Oma gab mir einen letzten Kuss, bevor mich mein Vater zum Bus trug. Meine Eltern verstauten unser Gepäck, setzten sich und hielten mich so, dass Bebo mich durchs Fenster gut sehen konnte. Die Tränen flossen jetzt ungehindert, mit dem Abwischen kam sie nicht mehr hinterher. Sie winkte mit ihrem Taschentuch wie mit einer weißen Fahne, während der Bus anfuhr. Es war Abend, die Sonne ging langsam unter. Wir brachen auf in die Nacht, voller Hoffnung auf ein besseres Leben. Wir brachen auf nach Westen.

UNGARN

Unser Ziel war Ungarn. Kiskunhalas, eine kleine Stadt 130 Kilometer südlich von Budapest. Als wir ankamen, fühlte es sich friedlich an, wie auf einem anderen Stern. Das erzählten mir zumindest meine Eltern, mein Gedächtnis war noch zu jung für Erinnerungen. Meine ersten Eindrücke sind vage, eine auffallende Stille, gefüllt mit dem Geruch von Paprika. Später begeisterten mich die Konditoreien mit ihren Süßigkeiten, das fließende und saubere Wasser aus den Hähnen und der Strom aus der Steckdose.

Die Sprache lernte ich ohne Probleme, einerseits war ich klein genug, um sie fast wie eine Muttersprache anzunehmen, andererseits hatten wir schnell Anschluss und daher mehr Möglichkeit zur Kommunikation. Wir hatten das Glück, ein paar Menschen zu begegnen, die uns, vor allem meinen Eltern, das Gefühl von Daheimsein gaben. Insbesondere unsere Nachbarn, deren Kinder Lilly und Tom zu meinen besten Freunden wurden. Ich konnte rasch aktzentfrei Ungarisch und übersetzte für meine Eltern. Obwohl Ungarisch eine komplizierte Sprache ist, dauerte es nicht lange, bis sie sich selbst zurechtfanden. Das Talent dafür dürfte in der Familie liegen, mit Deutsch, auch keiner ganz einfachen Sprache, sollte es später ähnlich flink gehen. Als mein Bruder George auf die Welt kam, war ich längst an meine neue Umgebung gewöhnt.

Nini Tsiklauri, ein Mädchen in Ungarn.

Mit vier Jahren schickte mich meine Kindergärtnerin mit meiner Mutter zu einem IQ-Test in die nächstgrößere Stadt. Danach beschloss man, mich umgehend in die Schule zu schicken. Die Pädagoginnen waren der Meinung, mich fördern zu müssen und setzten mich dann gleich mal in die zweite Klasse. Im Hinblick auf die Bildung, die meine Eltern für uns im Sinn hatten, war das eine tolle Neuigkeit. Für mich in der Praxis war es weniger toll.

Im Gegensatz zu den anderen war ich winzig, hatte lange dunkle Haare und eine dunklere Haut, kurz gesagt: Ich sah anders aus als meine Mitschüler. Ich war also nicht nur zwei Jahre jünger, sondern auch sonst nicht das, was mich als Spielkamerad ausgewiesen hätte. So schnell wir uns im Land eingewöhnt hatten, so unmöglich gelang das in der Schule. Meine Mitschüler gaben mir meistens das Gefühl, nicht willkommen zu sein. Einige erklärten mir, warum. Sie als »helle« Menschen mit blaueren Augen und blonderen Haaren wären die besseren Ungarn als die »dunkleren« wie ich. Das war die lange Erklärung. Die kurze hörte ich in den Pausen, wenn sie mich »Zigeunerin« riefen.

Ich konnte mit dem Begriff damals nichts anfangen, also fragte ich meine Eltern, was damit gemeint war. Sie wussten gar nicht, wie sie es mir beibringen sollten. Ihnen brach das Herz, dass ich immer öfter mit ähnlichen Fragen nach Hause kam. Und dann merkten wir es auch in der Umgebung. Es waren nicht bloß die Kinder, auch die Erwachsenen machten einen Unterschied zwischen den hier Geborenen und uns Zugezogenen, noch dazu aus einem Land jenseits des Schwarzen Meeres. Im Allgemeinen begegnete man uns nicht so freundlich wie unsere Nachbarn.

Meine Eltern nahmen mich aus der Schule und suchten eine neue für mich. Die Schüler waren andere, die Einstellung blieb dieselbe. Ich wechselte die Schulen dreimal hintereinander, es machte keinen Unterschied. Die Situation verbesserte sich nicht, nicht einmal an einer modernen englischen Schule in Budapest.

Wir lebten in einem Kontrastreich. Hier die großartigen Freundschaften, die unsere Familie in Ungarn schloss, für die wir sehr dankbar sind, und die bis heute bestehen. Dort der Hass gegenüber uns als Fremde, den man uns deutlich zu spüren gab, und der zum Alltag gehörte. Egal, wie sehr man sich zu integrieren bemühte, wir blieben die Ausländer. Egal, wie akzentfrei und fließend man die Sprache sprach, es war nie dieselbe. Wir waren Fremdkörper in der ungarischen Gesellschaft.

Nach sieben Jahren beschlossen meine Eltern, dem Ganzen ein Ende zu setzen. Wir packten unser Leben zusammen und kehrten in die alte Heimat zurück. Das heißt, Heimat war es nur für unsere Eltern. Ich war als Baby hier angekommen, mein Bruder überhaupt erst hier geboren. Unsere Erinnerung an das Land, das wir 1993 mit dem Bus verlassen hatten, waren nicht spärlich, es gab sie schlichtweg nicht. Für meine Eltern war es eine Reise in die Vergangenheit. Für mich und meinen Bruder war es eine Reise ins Unbekannte. Ich war sieben Jahre alt.

GEORGIEN

Unser blauer Van ist voll bepackt. Seit Stunden stehen wir im Stau vor den Grenzkontrollen nach Georgien. Meine Eltern sind müde, die Fahrt bis hierher war lang. Ich möchte mir die Beine vertreten, die ich schon fast nicht mehr spüre. Mein kleiner Bruder ist als Einziger hellwach und fragt ständig, wann wir endlich da sind. Er fragt es auf Ungarisch.

Seit er reden kann, haben George und ich untereinander nur Ungarisch gesprochen. Ab nun sollte es nur noch eine Geheimsprache zwischen uns sein, aber das wussten wir noch nicht. Wir waren nicht einmal noch in dem Land angekommen, aus dem wir eigentlich stammen. Dank meiner Mutter haben wir Georgisch nicht ganz vergessen, auch wenn wir die Aussprache und später auch die Schrift ganz neu lernen müssen.

Nur noch ein paar Autos vor uns. Der Van fährt über die Rampe. Wir sind auf georgischem Boden. Mein Vater lässt die Fenster herunter, ein Grenzbeamter schaut ins Auto und redet mit seinem Kollegen. Sie reden Georgisch.

Mein Bruder ist ganz aus dem Häuschen und brüllt laut auf Ungarisch: »Mama, Mama, hör doch, hier reden ja alle auf Georgisch!«

Großes Gelächter im Wagen. Der Beamte ist irritiert. Mein Vater übersetzt es für ihn, er schenkt uns ein breites Schmunzeln und schüttelt den Kopf über diese georgische Familie, die aus Ungarn heimgefunden hat.

Der Weg zu meinen Großeltern ist ein Klacks gegen die weite Strecke, die wir gerade hinter uns haben. Wir steigen aus. Nach sieben Jahren haben meine Eltern wieder georgischen Boden unter den Füßen, mein Bruder und ich zum ersten Mal. Fühlt sich auch nicht anders an als der in Ungarn, denke ich. Vielleicht mein erster europäischer Gedanke. Bewusst ist mir das natürlich noch nicht.

Unter dem achtzig Jahre alten Lindenbaum im Garten meiner Oma in Patara Etseri sitzen wir wie in einer anderen Welt. Die Hälfte unserer Familie wohnt hier, auch sie kenne ich bloß aus Erzählungen. Die waren allerdings so lebendig, dass ich mich sofort mit meiner Verwandtschaft vertraut fühle, darauf hat Mama geachtet. Sie empfangen uns, als kämen wir vom Mars zurück. Alles begossen von reichlich Tränen, nur diesmal sind es Tränen der Freude.

Wir waren in ein Land zurückgekehrt, das wir im Bürgerkrieg verlassen hatten. Abchasien war nun eine autonome Republik, Südossetien de facto unabhängig von Georgien, beide werden unterstützt vom großen Nachbarn Russland. Geändert hatte sich ansonsten wenig. Der Scherbenhaufen war immer noch da, nur moderte er mittlerweile vor sich hin wie ein riesiger postsowjetischer Sumpf, durchzogen von zerstörten Straßen und Träumen. Die Wasserversorgung lag im Argen, mit Strom sah es nicht besser aus, gar nicht zu reden von einem Rechtsstaat. Das war zumindest das, was meine Eltern sahen. Wir Kinder waren damit beschäftigt, uns in einem Land einzugewöhnen, das sich noch wenig heimatlich anfühlte. Wir machten alle das Beste aus unserer Situation.

Es war nicht nur geografisch ein weiter Sprung, irgendwie sprangen wir auch in der Zeit zurück. Es war schon ein Unterschied zwischen dem Leben in einer modernen Metropole wie Budapest und dem Landleben in einem kleinen georgischen Dorf in der Provinz Imeretien. Wir gingen nicht mehr in den nächsten Supermarkt und überlegten, ob wir zum Frühstück Appetit auf Cornflakes oder Müsli hatten. Wir bauten Obst und Gemüse selbst an und gingen vor die Tür, wenn wir Lust auf einen Salat hatten. Statt Wasserhähnen hatten wir einen Brunnen, statt auf einen Lichtschalter zu drücken, zündeten wir den Docht in einer Petroleumlampe an. Wir lebten auf einer Farm voller Nutztiere, beschützt von einem Wachhund, einem weißen Schäfer namens Kusa. Wir fielen in der Zeit zurück, aber wir hatten alles, was man Ende der Neunzigerjahre in der Region Imeretien zum Überleben brauchte.

Meine Eltern beschlossen, sich in der Hauptstadt wieder ihrem Studium zu widmen. Mein Bruder und ich blieben bei den Großeltern und erkundeten unseren neuen Stern.

Es ist ein stinknormaler Schultag in Georgien 1998. Ich bin spät dran, der Bus muss gleich da sein. Tatsächlich, er steht schon da. Ich laufe vom Haus zu einem alten, klapprigen orangenen UDSSR-Omnibus, der vorm Nachbarhaus parkt. Kusa läuft mir bis zum Ende des Zauns hinterher. Es ist jeden Morgen dasselbe. Aus alter ungarischer Gewohnheit glaube ich an eine pünktliche

Abfahrt und fange an zu rennen. Ich hätte auf allen Vieren herankriechen können und es hätte auch noch gereicht. Der Busfahrer steigt gemütlich aus und versinkt mit skeptischem Blick in den Anblick seiner Reifen.

»Niniko, steig ruhig ein, es geht gleich los!«, sagt er zu mir und klettert wieder rein.

Ich grüße ihn und steige vorne ein. Der Bus ist noch leer, obwohl er weit und breit der einzige ist, der hier fährt. Ich setze mich gleich neben dem Busfahrer auf das große Armaturenbrett. Ich mag diesen Platz, von dort hat man die beste Aussicht. Dabei schaue ich mir nicht die Landschaft an, ich beobachte lieber die Menschen. Mit einem Ruck wirft der Fahrer den höllisch lauten Motor an, auf dem ich quasi sitze. Der ganze Bus wackelt, brummt, ächzt und fährt dann mit geöffneten Türen an. Am ersten Tag hat mich das noch gewundert, jetzt bin ich daran gewöhnt.

Der Busfahrer heißt Bitschiko, aber alle nennen ihn liebevoll Bitschiko Babua, was so viel heißt wie Bitschiko Opa. Er trägt ein kurzärmliges hellblaues Hemd, eine hellgraue Hose und geschlossene braune Ledersandalen. Vom ersten Moment an habe ich ihn ins Herz geschlossen, und immer noch muss ich lächeln, wenn er in seiner ganzen Konzentriertheit und Ernsthaftigkeit zu mir herüberschaut, schmunzelt und lustige Geschichten über die Gewohnheiten der Fahrgäste erzählt.

Die Schule liegt in der nächstgrößeren Stadt. Der Weg nach Samtredia ist lang, wild und löchrig wie Omas Weichkäse. Was früher mal eine Ampel war, ist heute ein Vogelnest. Als Fahrer verlässt man sich hier auf seinen Instinkt. Wegen des einen oder anderen Schlaglochs haben wir alle im Bus schon die Bekanntschaft mit der Decke gemacht. Nach und nach steigen mehr Leute ein, der Bus füllt sich. Bei den letzten Haltestellen in der Stadt gibt es nicht einmal mehr genug Platz zum Stehen.

Endstation: Straßenbazar. Bitschiko Babua hält neben anderen ähnlich orangenen Bussen, die aus anderen Gegenden ankommen, manche etwas heller, andere etwas dunkler. Ich winke Bitschiko zu und steige aus. Jetzt noch der Weg vom überlaufenen Straßenbazar bis zu meiner kleinen Schule nahe dem Stadtzentrum, es ist ein abenteuerlicher Fußmarsch.

Ich kämpfe mich durch Marktstände. Verkäuferinnen preisen ihre Peraschki und Ponschiki an, süße und pikante russische Teigtaschen. Vorbei an Gemüse-, Obst- und Käseständen schlängle ich mich durch und in die Stadt hinein. Entlang der Straßen verlaufen die Abwassergräben, die größtenteils mit Algen zugewachsen und Heimat unzähliger Frösche sind. Ihr Quaken gehört genauso zu den Stadtgeräuschen wie das Rattern der Motorradrikschas, das Klappern der Marschrutkas, jene Kleinbus-Taxis, die ihre Kunden einsammeln, und das Brummen der Riesenbusse.

Ich passiere ein massives, hohes, heruntergekommenes Wohngebäude. Die Fassaden waren mal königsblau und weiß gewesen, hat mir meine Oma erzählt, aber die Farbe sieht man bloß noch hinter den großen rostigen Flecken hervorlugen. Zu besseren Zeiten war es ein Hotel, hat sie mir erklärt, heute leben Flüchtlinge drin.

»Flüchtlinge? Woher denn?«, fragte ich meine Oma.

»Aus unserem eigenen Land«, antwortete sie nachdenklich.

»Aber, Bebo«, sagte ich, »Flüchtling im eigenen Land, das gibt's doch gar nicht.« Ich weiß zwar, dass meine andere Oma, die in Tiflis wohnt, ursprünglich aus Südossetien stammt, aber ich brachte das damals noch nicht mit dem Kaukasuskonflikt in Zusammenhang. »Und überhaupt«, sagte ich, »warum leben sie alle auf einem Haufen in einem alten Hotel und gehen nicht woanders hin?«

»Weil ihre Heimat in ihrer Region Abchasien ist, wie unsere hier in Imeretien. Sie wurden dort vertrieben und dürfen nicht mehr in ihre Häuser zurück, sie mussten alles zurücklassen und sind jetzt sehr arm. Deswegen leben sie nun gemeinsam hier und halten zusammen. Ihnen kann niemand helfen.«

Wir schwiegen und starrten die Fassade an.

»Können wir Ihnen nicht helfen, Bebo? Glaubst du, sie können jemals wieder nach Hause?«, fragte ich und zog an ihrem Arm.

»Ehhh«, seufzte sie laut und schaute mich eindringlich mit ihren großen blauen Augen an.

Dieses Ehhhh fällt mir seither jeden Tag ein, wenn ich an dem Flüchtlingshotel vorbeikomme. Dann stehe ich vor meiner Schule, die eher einer kleinen Militärbasis gleicht als einer Bildungseinrichtung. Man nennt sie die Russische Schule, und der Name ist Programm. Eilig schiebe ich mich mit den anderen Kindern in die Klasse. Wir sehen alle gleich aus in der obligatorischen Sowjet-

Schulkleidung. Oberste Regel ist: Mädchen tragen Röcke, Jungs Hosen, das wird hier sehr ernst genommen. Zweite Regel: Im Unterricht wird ausschließlich Russisch gesprochen, das ist hier die Zweitsprache, die jeder können soll. Tatsächlich beherrscht sie auch jeder. Außer mir, ich kann nur Ungarisch.

In der Klasse sitzen alle steif aufrecht, die Hände auf dem Tisch, der Blick an die Tafel. Niemand bewegt sich. Die große Russischlehrerin mit dem massiven Körperbau, den blondierten zurückgesteckten Haaren und den grimmigen Gesichtsausdruck gibt jede Menge Hausübungen auf. Der alte Holzboden knirscht, wenn sie näherkommt und mein Kyrillisch kontrolliert. Das ist jetzt schon die dritte Schrift nach Georgisch, die ich lernen muss.

Die Klingel beißt die Anspannung durch und erlöst mich in die Pause. Zur Jause gibt es nur etwas bei der nächstbesten Peraschki-Verkäuferin außerhalb der Schule. Kantine kennt man hier keine, ebenso wenig wie Toiletten, was noch weit schlimmer ist. Für den äußersten Notfall bleibt ein winziges Häuschen neben der Schule, mit kaputtem Steinboden und ohne Türe. Da muss man es schon wirklich eilig haben. So gesehen ist der Schultag immer auch eine Art Wettrennen, kann man es aushalten oder nicht? Anfangs fand ich die Zustände unzumutbar. Aber so wie mit jeder Minute der Schultag kürzer wird, wird mit jedem Tag die Erinnerung an die andere Welt in Ungarn blasser.

Nach dem Unterricht gehe ich erst mal zu meiner absoluten Lieblings-Imbissbude in der Nähe der Schule und hole mir einen langen, knusprigen Chili-Kartoffel-Peraschki, den ich mit beiden Händen halten und direkt aus dem Papier mampfen muss. Dann geht's zum traditionellen Tanzunterricht ins große Kulturhaus und danach zum Klavierunterricht ins Künstlerhaus, das so desolat ist, dass man die Klassen im Stockwerk darunter durch große Löcher im Boden sehen kann. Zuletzt mache ich mich auf den Weg zum Arbeitsplatz meiner Oma, wo sie immer schon auf mich wartet. Es ist der beste Teil des Tages.

Meine Oma ist jeden Morgen um vier Uhr auf den Beinen. Daheim kümmert sie sich um den Haushalt und das Vieh, dann arbeitet sie bis abends mit ihrem Frauen-Kollektiv in einer Einrichtung für Gesundheitsschutz und Schädlingsbekämpfung. Wenn ich den Raum betrete, platze ich immer in eine fröhliche Runde. Die Frauen arbeiten und tratschen, das gehört zusammen. Es sind sieben völlig unterschiedliche Frauen, die sich da um Bebo scharen. Lia, die Charismatische und meine Lieblingstante; Eteri, ihre ältere Schwiegermutter; Nino, die Cleverste; Meriko, die Süßeste; Mediko, die weise Apothekerin; Nana, meine fleißige Oma, die Person, die ich auf der Welt am meisten liebe; und jetzt auch ich, die Jüngste von allen. Sie sind seit ein paar Jahren unzertrennlich, die sechs Frauen, sie unterstützen sich gegenseitig, sind Nanas engste Freundinnen und nun auch meine.

Irgendwann wird mir natürlich trotzdem langweilig. Die Frauen sind ein ganzes Stück älter als ich, da decken sich die Interessen und Gesprächsthemen nicht völlig. Aber das macht nichts, ich schleiche mich mit meinen Hausübungen in das kleine Büro des Chefs, der selten da ist. Badri ist ein großer und schon sehr alter Mann mit grauweißen Haaren, einem mächtigen Schnurrbart, stets in olivfarbenem Anzug mit Hosenträgern und Fliege. Ich setze mich auf seinen riesigen Stuhl an seinem Holzschreibtisch. Jedes Mal, wenn ich hier sitze, starrt mich ein anderer Schnurrbartträger von einem eingerahmten Schwarz-Weiß-Foto aus an, ein gewisser Stalin. Inzwischen habe ich das Bild schon in einigen Häusern gesehen. Beliebter Typ, denke ich, beiße in mein Rosinenbulki und erledige nebenbei meine russischen Hausaufgaben, die mir zusehends besser von der Hand gehen.

Auf dem Weg zum Bus begleitet uns Meriko. Sie ist Omas beste Freundin, eine herzige, introvertierte und hilfsbereite Person, die gerne lacht und immer und überall einen korall-pinken Lippenstift trägt. Meriko wohnt in der Stadt, hilft Nana aber bei den Einkäufen. Hemdsärmelig schleppt sie die massiven Tierfuttersäcke in den Bus und verabschiedet sich. Ich sitze auf meinem Stammplatz über der Motorhaube neben Bitschiko Babua, er reserviert den Platz nun schon für mich. Er schenkt mir wieder sein breites Grinsen und ein paar Anekdoten, während er den orangen Bus in den Sonnenuntergang fährt.

Die vier Jahre in Georgien von 1998 bis 2002 waren eine Mischung aus harter Arbeit, jeder Menge Disziplin und der bedingungslosen Liebe meiner Familie für uns in einer Welt ohne jegliche Zukunft. Trotzdem lernte ich dafür. Neben Georgisch und Russisch konnte ich bald auch etwas Deutsch. Die Georgier lieben die Sprache, vor allem wegen der deutschen Lyrik, die vermutlich nirgends so viele Fans hat wie hier. Ich gab mir Mühe im Unterricht, und sie wurde belohnt. Ich schloss als Stufenbeste mit Auszeichnung an einer höheren georgischen Schule ab. Und dann schrieb ich einen Brief an den damaligen Präsidenten Eduard Schewardnadse. Ich bat um ein Stipendium, bekam aber nie eine Antwort.

Ich hatte mich an mein neues Zuhause gewöhnt. Es hatte einige Zeit gedauert, aber nun hatte ich das Gefühl, hier leben zu können. Ausgerechnet da stand eines Tages im Sommer 2002 plötzlich das Auto meiner Eltern vor der Haustür. Sie brachten interessante Neuigkeiten mit. Über ihr Studium in Tiflis hatte sich die Möglichkeit ergeben, an einer Uni in Deutschland weiterzustudieren. Wir hatten kaum Zeit, die Nachricht zu verdauen, es würde ziemlich bald losgehen, erzählte mein Vater bei einer kühlen Estragon-Limonade.

»Lange nachdenken können wir nicht, es ist alles mehr oder weniger in Stein gemeißelt«, sagt er. »Es ist eine Chance, die wir nicht verpassen können.«

Ich bin verwirrt und aufgeregt. Ich kann es noch nicht glauben. Ein Traum wird wahr. Deutschland. Germania. Nemetorszag. Dorthin will ich schon, seit die Ungarn so sehr über die Deutschen hergezogen sind und über die Europäische Union geschimpft haben. Ich kann ein paar Gedichte von Goethe aufsagen, da kann ja nichts schiefgehen. Es dauerte etwas, bis ich realisierte, dass dieser Aufbruch auch ein Abschied war. Ich musste Nana zurücklassen, meine geliebte Oma und ihre kleine fröhliche Welt. Und es würde kein Ausflug sein, von dem wir bald zurückkämen. Es war ein Abschied für lange. Wir wussten, dass wir uns erst mal nicht wiedersehen konnten.

Es ist so weit. Wir versuchen, tapfer zu bleiben. Meine Oma wischt sich ein paar Tränen ab, wie damals, als wir nach Ungarn aufbrachen. Ich bin kein Baby mehr, sondern ein Schulkind, und statt in den Bus steigen wir in unser Auto. Ich reiße mich zusammen, bis wir losfahren, und ich vor Weinen schreie, als Nana und das Haus durch die hintere Autoscheibe immer kleiner wurden. Unser Hund Kusa bellt und rennt uns noch lange hinterher, als würde er das Auto anhalten können. Wir werden immer schneller, er kommt nicht mehr mit. Auch er war nur noch ein kleiner weißer Fleck in der regnerischen Landschaft, der langsam verschwand.

DEUTSCHLAND

Ein paar Stunden später stehen wir an einem Ampelübergang in einer deutschen Stadt. Osnabrück. Niedersachsen. Müde, aber neugierig starre ich das rote Ampelmännchen an. Es ist kühl für Anfang Herbst. Als das grüne Ampelmännchen aufleuchtet, gehen die Leute unbekümmert über die Straße. Die Autos bleiben in gerader Reihe ruhig stehen, niemand hupt, niemand drängelt. Das ist also Deutschland, denke ich.

Wir haben eine anstrengende Reise hinter uns, mit dem Flugzeug nach Frankfurt, von dort mit dem Zug nach Osnabrück und mit all unseren Koffern zu Fuß weiter bis zu unserem Haus in der Rosemannstraße. Für meinen Bruder und mich war es der erste Flug in unserem Leben. Die Flugbegleiterinnen gaben uns eine Landkarte von Europa zum Spielen. Mein erster Eindruck der EU, wenn man so will.

Am nächsten Morgen wache ich in einem fremden Zimmer auf. Es ist ein großer Raum, den ich mir mit meinem Bruder teile. Langsam stehe ich auf und erkunde unser neues Zuhause. Es ist eine Dachgeschosswohnung, eine nette kleine Familienwohnung und ein ziemlicher Kontrast zu Omas weitläufiger Farm. Der Boden ist mit einem dunkelblauen Teppich bedeckt. Mit bloßen Füßen tappe ich zum Fenster, der Teppich ist weich. Auf Zehenspitzen schaue ich hinaus. Der Blick bleibt nicht auf der Hauswand gegenüber kleben. Man kann richtig in die Ferne sehen, obwohl der Himmel bewölkt ist. Aussichtsreich, denke ich auf Deutsch und muss schmunzeln, mein Wortschatz passt sich schon an.

Die Gebäude um unser Haus herum sind schön, es ist eine hübsche, grüne Gegend. Ein paar Bäume, eine befahrene Straße. Ich spüre ein warmes Gefühl am Bauch. Es ist die Wärme des Heizkörpers, an dem ich lehne. Ich lege die flache Hand auf die Heizung und bin überwältigt.

Aufgeregt laufe ich zu meinem Bruder, um ihn aufzuwecken. Er würde die erste Runde durch unsere neue Wohnung ungern verpassen. Entdeckungsreise also. Wir gehen zum großen Holzschreibtisch, auf dem lauter schöne bunte Stifte und Zettel liegen. Meine Eltern haben alles heimlich organisiert und eingerichtet, damit wir Kinder uns von Anfang an wohlfühlen können. Vor dem Tisch steht ein Drehstuhl, ähnlich riesig wie der von Omas Chef Badri, aber nicht so durchgesessen.

Wir knipsen die Lichtschalter an und aus, drehen im Bad den Wasserhahn auf und ab, warm und kalt, laufen im Kreis durch die Räume und beginnen wieder von vorn. Irgendwann ist die Wohnung eingelaufen. Wir gehen in unser kleines Reich zurück und lassen uns auf unsere Betten fallen. Es ist ein Mansardenzimmer, über uns an der schrägen Wand haben die Vorgänger kleine leuchtende gelbe Sterne geklebt. Plötzlich steigt eine Traurigkeit in mir auf, ich spüre, dass meine Oma an mich denkt. Ich wünschte, sie wäre jetzt hier. Aber sie ist weit, weit weg von uns, auf einem ganz anderen Stern.
Es war das dritte Mal in kaum mehr als einem Jahrzehnt, dass ich in eine vollkommen neue Welt geworfen war.

Ganz unvoreingenommen war ich nicht nach der Ablehnung in Ungarn. Aber die Skepsis war unbegründet. Die Menschen in Osnabrück empfingen uns mit offenen Armen. Wir fühlten uns willkommen und akzeptiert. Mehr noch, man war neugierig auf unsere Geschichte.

Es war immer dieselbe Frage. »Woher kommt ihr denn eigentlich?«

Und es folgte immer derselbe Blick. »Georgien? Aha.«

Anscheinend wusste niemand auch nur über die Existenz unseres Landes Bescheid. Aber man fragte weiter, wollte etwas wissen darüber. Und es war keine Verlegenheitskonversation, es fühlte sich wie ehrliches Interesse an.

Ich gab gern Auskunft und fing bei den Basics an. Georgien liegt zwischen dem Schwarzen und Kaspischen Meer. Aha. Es ist so groß wie Bayern. Ahaa. Es hat eine eigene Sprache und eine eigene Schrift. Ahaaa. Es gehört zu Europa. Ganz langes Ahaaaaa. Es war das Wort, das ich anfangs am öftesten hörte. Wenn ich nicht schon etwas Deutsch gekonnt hätte, wäre ich sicher gewesen, dass man es hier höflicherweise einfach immer sagen musste. Aha.

Ich hörte es auch von dem Schulleiter der Hans-Calmeyer-Orientierungsstufe, als er erfuhr, dass ich die Sprache zwar noch nicht fließend spreche, aber trotzdem mitten im Schuljahr einsteigen wollte. In der Orientierungsstufe entscheidet sich, ob man danach ins Gymnasium aufgenommen werden und letztlich studieren kann. Um ihn zu beruhigen, sagte ich ihm das »Heidenröslein« von Goethe auf, und gleich darauf noch »Gefunden«. Zum

»Heidenröslein« nickte er, aber mehr Goethe war er auch von seinen Schülern nicht gewöhnt, das sah ich an seinem Gesichtsausdruck. Die Vorstellung hatte ihm jedenfalls imponiert, wenig später nahm er mich mit Freude auf.

Ich kam in die gängige fünfte Klasse einer modernen Schule, in der ich sofort Freundschaften schloss. Auch hinsichtlich der Sprache hatte ich Glück in Gestalt von Frau Fedrowitz, einer Lehrerin, die nach der Schule zusätzlich und ehrenamtlich Deutsch-Förderstunden gab. Innerhalb eines Jahres lernte ich die Sprache fließend. Ihr habe ich auch meine Begeisterung für das Schauspiel zu verdanken.

Sprache lernt man nicht nur in der Schule. Sprache muss man sprechen und anderen beim Sprechen zuhören. Also nahm uns Frau Fedrowitz im Zuge ihres Förderkurses mit ins Theater. Und nicht nur das. Wir sollten selbst ein Stück aufführen, es hieß »Der Schuhu«. Mich besetzte sie für die Hauptrolle. Das Wasser, in das ich da sprang, war sehr kalt. Aber wie schon oft in meinem Leben stürzte ich mich mit all meinem Mut hinein und gab mein Bestes.

Offenbar war das auch das Beste für mich. Das Gefühl, im Rampenlicht auf der Bühne zu stehen und Menschen zu begeistern, war überwältigend. Ich zog mir die Rolle an wie mein Lieblingskleid, irgendwie war das mein Ding. Das bemerkten auch meine Eltern und nahmen mich und meinen Bruder mit zum Osnabrücker Straßenfest. Dort entdeckte ich meine Leidenschaft für die Musik, mit »Tito & Tarantula« beim ersten Live-Konzert meines Lebens.

Aber es war noch etwas anderes, das mich fast noch mehr faszinierte. Ich war hier nicht bloß Zuhörerin, ein Mädchen aus dem Publikum. Teil der Menge und doch fremd inmitten vieler Leute. Genau das Gegenteil war der Fall. So anonym ich war, ich gehörte dazu. Ohne zu wissen, wo genau. Aber ich war nicht nur anwesend, ich war da. Ich war nicht bloß eine von vielen, ich war eine von uns.

Es war dieses unfassbare Gemeinschaftsgefühl, das ich hier bei diesem Straßenfest in Osnabrück zum ersten Mal spürte. Sicher, es war die Musik, die uns hier zusammenhielt, und doch nicht nur. Es war nicht etwas rund um uns herum, das uns umgab wie ein Kreis. Es war etwas zwischen uns, etwas, das durch uns durch ging. Eine Verbindung von einem zum anderen, ein menschliches Netz aus Geborgenheit. Wir waren unser eigenes Sicherheitsnetz.

Zu sehen, wie eine Stadt so miteinander verbunden, wie vielfältig und kreativ sie ist, ließ mich glauben, dass nichts mehr unmöglich ist. Eine Welt voller Chancen, eine Welt voller Akzeptanz.

Nini Tsiklauri, ein Bestandteil der Gemeinschaft.

Ein Jahr später sang ich im deutschen Fernsehen. Ich war Gast bei der Kinder-Liveshow »KiKania« und in »Toggo TV«, dem Kanal für Sechs- bis Dreizehnjährige auf Super RTL mit dem Moderator Mola Adebisi und dem Sänger Ben Blümel. Bei »Star Search« auf SAT.1 mit Kai Pflaume als Moderator und Jeanette Biedermann in der Jury durfte ich dann wegen meines noch befristeten Aufenthaltes in Deutschland leider nicht weitermachen.

Zwei Jahre später hatte ich zwei Berufe, letztlich sogar drei. Als Schülerin war ich mit einer Förderung auf das private Ursulinen-Gymnasium gewechselt. Als Sängerin gab es kaum eine Bühne in Osnabrück, auf der ich nicht auftrat. Mein Repertoire war nicht gerade umfassend. Meistens sang ich georgische Balladen auf Benefiz- und Friedenskonzerten, später kamen dann auch russische, deutsche und englische Lieder dazu.

Damit fing ich gleich zwei Fliegen mit einem Mikro, wenn ich das so sagen darf. Ich unterhielt mein Publikum nicht nur mit Gesang, ich brachte mit den Liedern auch viel Georgien-Feeling unter die Leute. Zwischen den Songs erzählte ich einiges über die Geschichte und die aktuelle Lage bei uns daheim.

Es gab mir ein ungemein gutes Gefühl, wenn die Menschen nach meinen Auftritten friedlicher, glücklicher und mit einem kleinen Stück Georgien im Ohr nach Hause gingen. Ich verband mein Vergnügen mit einem sehr guten Zweck.

Inoffiziell ernannte ich mich zur jüngsten georgischen Botschafterin in der EU. Wer, dachte ich, sollte diesen Job erledigen können, wenn nicht ich?

Nini Tsiklauri, die Kämpferin für ein großes Europa.

Ich hatte nicht nur mein Talent entdeckt. Ich hatte meine Bestimmung gefunden.

BÜHNE UND POLITISCHES PARKETT

Es war nie ein einfacher Job. Von der Leichtigkeit, mit der ich mein Anliegen auf der Bühne loswerden konnte, war abseits meiner Auftritte wenig zu spüren. Schnell stieß ich auf Kontroversen.

Allem voran in der Schule, egal, in welcher. Der Geografie-Unterricht endete immer kurz vor Georgien. Auf den Europa-Karten war das Land gar nicht mehr abgebildet, bei der Türkei war Europa abgeschnitten. Meine Lehrerin im Geografie-Unterricht in Georgien hatte uns beigebracht: Georgien liegt in Europa. Meine Geografie-Lehrerinnen in Deutschland waren sich einig: Georgien liegt in Asien.

»Aber Frau Meißner«, sage ich, »alles, was westlich des Urals liegt, gehört geografisch zum europäischen Raum. Das hat man auch an meiner letzten Schule in Georgien so gesagt.«

»Tja«, sagt sie, »bei uns ist es eben nicht so.«

Die Klasse schaut zwischen mir und ihr hin und her. Aber es kommt nichts mehr.

Wie eine beleidigte Leberwurst gehe ich nach der Schule nach Hause. Die Sache geht mir nicht aus dem Kopf, ich grübele den gesamten Weg darüber nach. Wer es übrigens in Wikipedia nachlesen möchte, erfährt, dass Georgien in Eurasien liegt und als Balkon Europas bezeichnet wird. Aber so weit sind wir noch nicht, Wikipedia steckt noch in den Kinderschuhen.

Ich bin noch nicht richtig durch die Tür, da zieht mich mein Bruder in die Wohnung. »Komm schnell, wir sitzen alle beim Fernseher, beeil dich, das musst du dir anschauen!«, ruft er und rennt schon vor.

Aber ich habe jetzt keine Lust auf Fernsehen, ich bin immer noch wütend. Ich schleudere meine Tasche ins Zimmer und schmeiße mich seufzend aufs Bett.

»Ni, komm rüber, da passiert gerade was!«, ruft nun auch mein Vater und schaltet den Ton so laut, dass ich sogar in meinem Zimmer mithören kann.

Im Fernsehen sind sie genauso aufgeregt wie meine Familie im Wohnzimmer. Ich vergesse Frau Meißner für eine Minute und gehe doch hinüber. Meine Eltern und mein Bruder sitzen gebannt vor dem Fernsehschirm. Es läuft ein georgischer Sender, den wir dank der cleveren Satellitenschüssel-Installation meines Vaters empfangen können.

Auf dem Bildschirm sind Tausende von Menschen zu sehen, die sich in der Kälte eng aneinanderdrängen und langsam durch die Straßen ziehen. Es ist wie ein ruhiger Strom von Menschen, der sich da bewegt – ältere, jüngere, Kinder, Familien. Sie schieben sich stetig vorwärts und verteilen rote Rosen, die in der Masse zu kleinen roten Pünktchen werden. Auf einmal ist der gesamte Bildschirm voll mit Blumen.

»Was ist denn da los?«, sage ich mehr zu mir als zu den anderen. Jetzt bin auch ich gebannt.

»In Georgien passiert gerade eine Revolution«, sagt meine Mutter, ohne den Blick von den Bildern auf dem Schirm zu nehmen. »Es geht endlich vorwärts mit dem Land. Endlich! Die Leute haben die Nase voll von den schrecklichen Zuständen.« Sie greift nach ihrem Aufklapphandy und wählt hastig eine Nummer.

»Saakaschwili möchte eine ganz neue junge Generation in der Politik«, sagt mein Vater, »er fordert den Alten auf zu gehen.« Der Alte ist Eduard Schewardnadse, der Präsident von Georgien. Der Stolz in der Stimme meines Vaters ist unüberhörbar. »Die Menschen wollen ein europäisches Georgien mit Demokratie und Menschenrechten.« Er ist zu aufgeregt, um still zu sitzen, springt auf und läuft im Zimmer herum. »Unglaublich, was sich da tut! Sie fordern ein Ende von Korruption und Armut.«

Die Kamera zeigt das Gesicht von Micheil Saakaschwili. Zwei Jahre lang war er Justizminister, außerdem Bürgermeister in Tiflis und Vizepräsident der Parlamentarischen Versammlung des Europarates, ein junger Typ, der etwas ändern will, sicher noch keine vierzig. Voriges Jahr hat er eine eigene Partei gegründet, eine Opposition gegen Schewardnadse. Saakaschwili ist unterwegs Richtung Westen, im Sinne von Demokratie und Europa, neuerdings gibt es immer wieder Demonstrationen, bei denen ihn immer mehr Leute begleiten. Mein Vater verfolgt ihn schon länger und hat uns immer wieder von ihm erzählt. Bis jetzt hat mich das allerdings noch nicht ganz so gefesselt, es ging um politische Machenschaften, Korruption und Wahlbetrug. Mein Bild von Politik, das ich als Kind hatte, war bevölkert von monotonen Anzugträgern, die man kaum versteht, und die unter sich und trotz aller Schweinereien an der Macht bleiben. Bei allem Interesse an meinem Land war ich doch mit meinem Teenager-Kram beschäftigt, mit meinen Freunden und meinen Songs. Aber jetzt packt es mich. Dieser Saakaschwili bricht tatsächlich gerade dorthin auf, wo wir alle hinwollen.

Er schwitzt, wie er mitten in der Menge steht, mit den Leuten spricht und seine Rosen verteilt. Der Menschenstrom schiebt sich weiter.

»Die wollen zum Parlament«, sagt mein Vater. Und dann mehr zu sich selbst als zu uns: »Diesen 22. November 2003 müsst ihr euch merken.«

Die Demonstranten sind mit ihren Rosen beim Parlament angekommen.

»Die stürmen den Plenarsaal!«, ruft mein Vater.

Dann steht Saakaschwili vor Schewardnadse und fordert ihn auf: »Treten Sie zurück.«

Wir erleben das daheim mit, live und in Farbe. Bei georgischen Fernsehsendern ist es seit dem Bürgerkrieg Anfang der Neunziger üblich, größere Demonstrationen direkt zu übertragen, bis der letzte Mann weg ist. Wir schauen gebannt auf den Bildschirm.

Auf einmal geht alles sehr schnell. Wir sehen nicht genau, was passiert, bis der Präsident mit seinen Leibwächtern den Saal verlässt. Gejubel in der Menge und bei uns im Wohnzimmer.

Einen Tag später tritt Schewardnadse zurück. Noch mehr Jubel, auch bei uns. Das habe ich jetzt live miterlebt, denke ich. Mir kommt zu Bewusstsein, dass das gerade wirklich passiert, und wir alle ein Teil der Ereignisse sind.

So weit weg und doch so nah.

Der georgische Fernsehsender war unsere Verbindung mit daheim. Wir lebten in Deutschland, aber über die Satellitenschüssel waren wir irgendwie mit dabei. Und nicht nur in der großen Politik. Mein Bruder und ich schauten regelmäßig Filme, eines Abends zufällig »Die wilden Kerle«. Er lief, wie alle Filme, mit leisem Originalton im Hintergrund, den eine laute, monotone, georgische Synchronstimme überdröhnte. Wir freuten uns tierisch, dass wir die deutschen Sprecher mittlerweile sogar besser verstanden als die georgischen und wurden Riesen-Fans. Das Deutsche fühlte sich auf einmal heimisch an, als würde der ganze Film in unmittelbarer Nähe stattfinden. Wir sind mittendrin, dachte ich mir, und dann kam mir eine Idee.

Ich setzte mich an den Laptop meiner Mutter. Heimlich, was bedeutete, dass sie nicht daheim sein durfte, sonst hätte mich das laute Einwahlgeräusch des Modems verraten. Ich begann zu recherchieren und stieß auf einen Aufruf, bei dem über »Sport BILD« eine Nebenrolle für »Die wilden Kerle 3« gesucht wurde. Etwa Besseres hätte ich nicht finden können. Meine Traum-Filmrolle. Ich bewarb mich. Ebenfalls heimlich.

Und mit der Überzeugung, dass für mich nichts unerreichbar war in diesen Zeiten und in diesem Europa.

Eine meiner Lieblingsbeschäftigungen war, mit meinen Freunden in der Pause und nach der Schule am Bolzplatz Fußball zu spielen. Eine andere die Musik und die Tanzstunden bei Michael Hull. Jetzt ließen sich die beiden verbinden.

Alle halfen mit und wir drehten ein Fußball-Live-Gig-VHS-Video, mit dem ich mich in meiner Bewerbung vorstellte.

Ein paar Tage darauf kam der Anruf. Meine Mutter war am Apparat und schaute erst einmal verdutzt in den Hörer. Ein Vorsprechen, wofür? In München, so weit? Dann begriff sie, sah mich halb streng, halb stolz an, stimmte zu, und wir flogen nach München.

Ich durchlief drei Vorsprechrunden mit vielen anderen talentierten Mädchen und wurde tatsächlich genommen. Noch dazu für eine Rolle, die für mich maßgeschneidert war. Mit meinen langen, schwarzen Haaren war ich die ideale Vorlage für die Fußballspielerin Aysha, eine der »biestigen Biester« auf dem fliegenden Teppich. Ich war die Gegenspielerin des wilden Kerls Deniz, die Lokomotive, mit dem tanzenden Wirbelwind als spezielles Fußball-Kunststück und dem biestigsten Lächeln der Welt. Eine neue Welt eröffnete sich. Meine Welt.

Von einem Tag auf den anderen hatten Millionen von Zuschauerinnen und Zuschauern den Film im Kino gesehen. Blitzlichtgewitter, Interviews, Fanpost, Artikel in »Bravo« und Co. gehörten plötzlich zum Alltag.

Nini, Tsiklauri, das Teenie-Idol.

Eigentlich ging alles viel zu schnell. Ich kam gar nicht mehr damit nach, zu begreifen, wie ich hierhergekommen war oder mich auch nur über den Erfolg zu wundern. Es war Realität.

Nini Tsiklauri, die Schauspielerin.

Ich musste es mir immer wieder vorsagen, und oft konnte ich es auch dann noch nicht glauben. Dank meiner

Eltern aber blieb ich nicht nur am Boden, sondern richtig gut geerdet. Immer wieder erinnerte ich mich daran, dass das alles schon für ein deutsches Mädchen nicht selbstverständlich wäre, und erst recht nicht für jemanden, der überhaupt erst mit elf die deutsche Sprache gelernt hatte. Ich gewöhnte mir an, mein Glück einmal am Tag bewusst zu schätzen und mich dafür zu bedanken, bei wem auch immer.

Es folgte eine nächste Rolle, und die führte mich aus Osnabrück weg, wieder ein Abschied. Man engagierte mich für eine Hauptrolle, die Layla Farsad in der Kinder- und Jugendserie »Schloss Einstein«. Wir zogen um nach Erfurt. Layla war eine reiche Perserin, die aus Bahrain nach Deutschland kommt, mit kulturellen familiären Herausforderungen kämpft und schließlich in Erfurt ihre große Liebe findet. Was für eine aussichtsreiche Geschichte.

Obwohl es sich nur um einen Umzug innerhalb Deutschlands handelte, fühlte es sich wieder an wie ein Weltenwechsel.

DIE BUNDESKANZLERIN

Erfurt war ein völlig neuer Stern. Allein schon wegen des Dialekts und der Küche. Dazu flirrte die lange Geschichte dieser Stadt in der Luft und lugte hinter der Schönheit jedes Gebäudes hervor. Mir kam es vor, als wäre alles hier erfüllt von Neugier, Bescheidenheit und einem Zusammenhalt, den man richtig spüren konnte. Hier war Gemeinschaft kein leeres Wort.

Ich war begeistert. Jetzt zieht es mich also nicht nur in das Land der Dichter und Denker, sondern mitten hinein in die Heimat der Poeten, dachte ich. Weimar und Jena waren nicht weit entfernt, Schiller und Goethe wohnten quasi in der Nachbarschaft. Goethe war oft in Erfurt, einmal hatte er sogar Napoleon hier getroffen. Jahre nach dem Deutschunterricht in meiner Schule daheim in Samtredia lebte ich nun hier, Wange an Wange mit der Lyrik.

Im Gegensatz zu Niedersachsen nahm ich in Thüringen kaum Menschen mit Migrationshintergrund wahr. Und wenn ich über Georgien erzählte, freuten sich die meisten Menschen, sie holten nicht ganz ohne Nostalgie ihrerseits Geschichten aus der DDR-Zeit aus der Schublade.

In der Schule gewöhnte ich mich schnell ein. Es gefiel mir, dass wir Ausflüge und historische Touren unternahmen und uns sehr intensiv mit der Vergangenheit auseinandersetzten. Ich empfand das insbesondere als sehr erfrischend, weil ich mich in dem Zusammenhang an eine Episode in Osnabrück erinnerte.

Bei einem meiner Gigs war ein älterer Moderator mit dem Mikrofon auf mich zugestürzt und hatte sich bei mir aus tiefstem Herzen für die Einigkeit Deutschlands bedankt. Ich war verwirrt gewesen und hatte nicht im Geringsten verstanden, worauf er hinauswollte. Dann erwähnte er die besondere Rolle Eduard Schewardnadses bei der Wiedervereinigung, er wäre ja ein Wegbereiter und einer der geistigen Väter gewesen, wofür er sich vom Publikum doch jetzt noch einen großen Applaus erwarten dürfe. Der Aufruf wurde bereitwillig befolgt.

Meine Mutter, die mich zu meinem Konzert begleitet hatte, hatte ihren Augen und Ohren nicht getraut, als die Leute tatsächlich zu klatschen begonnen haben. Der erste Präsident Georgiens, den Saakaschwili in der Rosenrevolution endlich losgeworden war, war hier frenetisch bejubelt worden.

Ich habe mir den Moment gemerkt. Ich wusste bloß damals noch nicht genau, wofür.

Und dann gibt es Tage wie den vierten März 2008. Es ist ein Dienstag spätabends und ich sitze im Auto, das mich nach einem langen Drehtag für »Schloss Einstein« nach Hause bringt.

Verrückte Welt, denke ich, während ich die vertrauten Häuser an mir vorbeiziehen sehe, als wären es Kulissen, die jemand im schnellen Vorlauf verschiebt. Mein Blick streift an ihnen entlang, aber ich nehme sie nicht wahr. In Gedanken bin ich ganz woanders, ich bekomme gar nicht so recht mit, dass wir vor meinem Haus stehen bleiben. Ich verabschiede mich mechanisch von meinem Fahrer

Torsten und gehe rein. Jetzt brauche ich erst einmal eine Tasse Earl Grey mit viel Zucker.

»Was ist denn mit dir los?«, fragt mich Mama. Sie kennt mich und weiß instinktiv, dass etwas passiert ist.

»Ach nichts, Mama«, sage ich, »morgen treffe ich Angela Merkel.«

Sie reagiert nicht gleich. Meine Stimme klingt nichtssagend. Genauso gut hätte ich ihr erzählen können, dass wir morgen einen Schulausflug machen. Betont lässig gehe ich zum Kühlschrank und nehme einen Traubensaft heraus. Dann ist es gesickert.

»Wie bitte? Was?« Mama verschluckte sich fast.

»Ja, sie kommt morgen nach Erfurt, zur Zukunftskonferenz.«

»Und da will sie dich treffen«, sagt meine Mutter, die nicht sicher ist, ob ich übergeschnappt bin oder sie bloß zum Narren halten will.

Ich lasse sie nicht länger schwitzen. »Sie will ein paar Darsteller des Kindermedienzentrums treffen, wir sollen sie an der Messe empfangen«, erkläre ich und beiße in ein Stück Chatschapuri.

Mama setzt sich. Überwältigt ruft sie meine Tante Mary an, die genauso überwältigt ist und mich am nächsten Tag in aller Früh anruft.

Kein Hallo, kein guten Morgen, sie fällt gleich mit der Tür ins Haus.

»Du weißt schon, dass du die einzige junge Georgierin bist, die es so weit geschafft hat, oder?«

Ohne auf eine Antwort zu warten, redet sie weiter.

»Dir mag es vielleicht nur wie ein Treffen vorkommen, aber den Menschen hier schenkst du damit viel Hoffnung auf eine Zukunft in der EU und der NATO, vor allem weil sich bald viel entscheiden wird beim nächsten Gipfel in Bukarest.« Eine kurze Atempause. »Fühl dich gedrückt, du sollst wissen, wir stehen alle hinter dir und sind sehr stolz auf dich.«

Ihre Worte hallten in meinen Kopf. Es war, als ob ein Kamerakran mit mir nach oben fahren würde, ich sah auf einmal alles aus einer anderen Perspektive. Wie von oben schaute ich auf mich herunter und plötzlich bemerkte ich, dass ich zur richtigen Zeit am richtigen Ort war. Es hatte einen Grund, warum ich genau jetzt hier war.

In den vergangenen Jahren war es mit Georgien bergauf gegangen. Ich war zwar mit meiner Schauspielkarriere beschäftigt, aber auch nicht nur. Parallel dazu habe die Entwicklungen daheim mitverfolgt, nicht zuletzt über meine Eltern.

Georgien war bei uns in der Familie immer ein Thema, erst recht, seit der Kurs Richtung Europa gesetzt war. Mit ein bisschen mehr Wind in den Segeln müsste es doch endlich funktionieren, dass wir in unserem Heimatland ein für alle Mal in Sicherheit, Frieden und Freiheit leben können.

Unser Empfangskomitee stellt sich in einer Reihe auf. Ich bin die Vorletzte. Medien, Presse und unzählige Fotografen formieren sich in einem Block vor uns. Wir warten. Es dauert eine Zeit, bis die Kanzlerin landet. Mir kommt es wie Jahre vor. Obwohl so viele Menschen hier sind, herrscht Totenstille, es wird nur noch geflüstert.

Und dann ist sie da. Angela Merkel betritt den Raum, der sich sofort mit ihrer Energie füllt. Die Spannung ist groß, die Bundeskanzlerin ist kein alltäglicher Besuch. Sie begrüßt den Thüringer Ministerpräsidenten Dieter Althaus, danach meine Schauspiel-Kolleginnen und -Kollegen. Schließlich steht sie vor mir.

Es ist wie der Moment, wenn man im Kino gebeten wird, bitte die 3D-Brille aufzusetzen. Alles wird plastischer und doch ein bisschen unwirklich. Ich bin mitten drin und doch irgendwie gar nicht da. Ich spüre, wie mein Herz bis hinauf in meinen Hals schlägt, die Zeit verlangsamt sich leicht.

Wir begrüßen uns, reichen uns die Hände. Ich schaue ihr tief in ihre blauen Augen, bevor ich Luft hole. Dann kommt es wie aus mir herausgeschossen.

»Als jüngste Botschafterin Georgiens möchte ich Sie von Herzen bitten, unserem Land beim nächsten NATO-Gipfel in Bukarest beiseitezustehen.«

Ich drücke ihre Hand und lege meine Linke noch oben drauf. Sie hält den Blick ebenso wie den Handschlag und fasst mich mit ihrer Linken fest am rechten Oberarm. Ihre Nähe, ihre Ausstrahlung und ihre Kraft erinnern mich einen Augenblick lang an meine Großmutter. Meine Miene ist todernst, womöglich zaubere ich ihr deshalb plötzlich ein kleines Lächeln ins Gesicht.

»Na das ist doch mal was ...«

Sie stockt kurz und mustert mich von oben bis unten.

»Georgien also«, sagt sie leise und wirkt kurz nachdenklich, dann lacht sie auf und sagt: »Na da wird sich der Bush aber freuen.«

Gleichzeitig zieht sie mich mit sich nach vorne direkt zu den Fotografen. Diese Reaktion habe ich definitiv nicht erwartet. Die Blitzlichter blenden mich, es ist, als hätte ich Nebel vor den Augen.

»Dieter, komm mit dazu«, sagt sie dann auch noch zum Thüringer Ministerpräsidenten, der perplex an der Seite gewartet hat.

Er tritt neben mich, wir posieren zu dritt. Und dann ist alles auch schon wieder vorbei.

Auf der Rückfahrt spiele ich die Szene immer wieder in meinem Kopf ab. Im Radio läuft Nena mit »Irgendwie, irgendwo, irgendwann«. Passender geht's nicht.

Ich war wie in Trance. Ich habe ja nicht erwartet, dass die deutsche Bundeskanzlerin auf die Bitte einer kleinen Schauspielerin aus Georgien, die sich in die große Politik einmischt, eingeht und sagt: Ja, klar, danke, super, dass du mich erinnerst, ist kein Ding, mache ich gern. Allerdings habe ich auch nicht erwartet, dass sie mich mit einem Bist-du-irre-Blick übergeht oder mich kurz und bündig zurechtstutzt mit einem knappen: Das wird niemals möglich sein.

In Wahrheit weiß ich nicht, was ich erwartet habe. Das jedenfalls nicht. Ich werde beim besten Willen nicht schlau aus der Reaktion. Konkretes lässt sich jedenfalls nicht deuten. Das hat sie gut gemacht, denke ich.

Trotzdem macht mir die Unsicherheit zu schaffen. Habe ich wirklich genug getan im Namen von vier Millionen Landsleuten? Habe ich die Gelegenheit, die mir da in den Schoß gefallen ist, wirklich genutzt? Hätte ich eventuell etwas anders, etwas besser machen können? Warum fühlte sich alles so leicht an, als ich vor ihr stand? Warum bin ich jetzt so durcheinander? Sind Politiker tatsächlich auch einfach nur Menschen, die für etwas kämpfen, wie ich?

Und wie erzähle ich das alles jetzt meiner Familie?

Als meine Mutter später am Abend die georgischen Nachrichten laufen ließ, wusste ich zumindest, dass es kein Traum gewesen war. Ich hatte es als Film vor mir, es war bloß ein paar Stunden her.

Mittlerweile gehörte es zwar schon zur Normalität, dass ich jeden Tag irgendwo im Fernsehen zu sehen war, aber das hier war dann doch etwas anderes. Das hier war weder der Kinderkanal noch eine Jugendsendung. Als Familie schauten wir oft gemeinsam die georgischen Nachrichten und sprachen über die innenpolitischen Zustände oder die Außenpolitik. Diesmal verkündete nun die georgische Anchorfrau:

»Die 15-jährige Schauspielerin Nini Tsiklauri, die in Deutschland zum Teenie-Idol wurde, macht sich für die euroatlantischen Beziehungen Georgiens stark. Beim Treffen mit der deutschen Bundeskanzlerin Angela Merkel bat Tsiklauri eindringlich um Unterstützung für Georgien beim anstehenden NATO-Gipfel in Bukarest. Zuvor hatte sich die deutsche Bundeskanzlerin gegen den NATO-Beitritt Georgiens geäußert, solange die internen Konflikte im Land nicht gelöst seien.«

Ich war wie elektrisiert. Mich in den Nachrichten zu sehen, wirkte wie ein Zündfunke. Es war also doch möglich. Man stand nicht auf verlorenem Posten alleine. Es war nicht egal, ob man als einzelner Mensch etwas unterlässt oder etwas unternimmt. Jeder konnte etwas beitragen. Und ich hatte das heute getan.

Nicht, dass man eine Veränderung erkennen würde. Ich hatte den Dingen keine komplett neue Richtung gegeben. Aber ich habe meinen Beitrag geleistet. Nach meiner Überzeugung. Nach meinen Möglichkeiten.

Wie viel Macht doch jeder von uns in sich trägt, um die Welt positiv zu verändern. Man muss es nur wollen.

So viel Macht hatte man dann allerdings doch wiederum nicht. Drei Tage später traf sich Frau Merkel mit Herrn Putin in Moskau, vor dem ihr mein Anliegen sicherlich nicht als Top-eins-Botschaft auf der Zunge lag. Kurz danach, bei der Tagung der Kommandeure der Bundeswehr in Berlin, stand die Bundeskanzlerin dem Beitritt Georgiens zum Nordatlantikpakt kritisch gegenüber. Ebenso wie der Aufnahme Georgiens und der Ukraine in die EU, wie sie beim NATO-Gipfel selbst in Bukarest deutlich machte. Wenigstens wurde beiden Ländern zumindest eine Anwartschaft mit einem Ausblick auf die dauerhafte Mitgliedschaft gewährt. In diesem Fall gab es vor allem einen zufriedenen Akteur, der schon seine Waffen in Stellung brachte, um dieses Thema ein für alle Mal aus der Welt zu räumen.

KRIEG

Ausgerechnet jetzt.

Ausgerechnet in diesem Sommer 2008 beschloss meine Familie, wieder nach Georgien zu reisen. Sieben lange Jahre waren wir nun in Deutschland und hatten mit Daheim nur telefonischen Kontakt gehabt. Wir vermissten unsere Verwandtschaft, die Großeltern, einfach alles. Der Zuwachs in der Familie meiner Tante gab nun den Ausschlag.

Wir wollten meine Drehpause nutzen und während der Sommerferien heimfahren. Und wir wollten nicht nur das Baby willkommen heißen. Ich freute mich auf das langersehnte Wiedersehen mit meinen Großeltern. Zuletzt hatte ich Bebo gesehen, als ich knapp zehn Jahre alt war, nun war ich ziemlich genau 16. Ende Juli habe ich Geburtstag, den würde ich diesmal in Georgien feiern.

Die Fahrt war so schön wie abwechslungsreich. Wir bereisten herrliche Küsten in Italien, besuchten die Meteora-Klöster in Griechenland, erlebten außergewöhnliche Verkehrskünste in der Türkei und kamen schließlich in der heiß geliebten Küstenstadt Batumi in Georgien an.

Und dann sitzen wir bei Oma daheim in der Küche. Die Begrüßung war sehr emotional, in Wahrheit sind wir alle ein bisschen erschöpft. Im Fernsehen nebenan läuft eine lateinamerikanische Telenovela, die niemanden interessiert. Bis sie abrupt unterbrochen wird.

Die Nachrichtensprecherin meldet sich. Ihre Stimme klingt nicht wie sonst. Sie passt zum Gesichtsausdruck meiner Eltern, in dem ich lesen kann, dass da etwas gewaltig nicht stimmt. Ich gehe ins kleine Küchenhaus meiner Großeltern neben dem großen Wohnhaus, es ist der Raum, in dem wir alle an einem runden Tisch zusammenkommen, essen, trinken und bis in die Nacht reden.

Ich komme gerade zurecht, als die Anchordame über einen möglichen Krieg mit Russland spricht. Ossetien. Unterstützung durch Russland. Aggression. Unabhängigkeit. Dazu Bilder von Soldaten, Gewehre, Geschütze, Panzer, Gewalt. Und doch ist es weniger das, was ich im Fernsehen sehe und höre, was mir die Luft nimmt, es ist die Atmosphäre im Raum. In das gemütliche Küchenhaus ist die Kälte eingezogen. Die Angst kriecht in mir hoch.

Wir beschließen, noch am selben Tag in die Hauptstadt zu fahren, um auch den Rest der Familie wiederzusehen. Auf der Fahrt ist deutlich zu spüren, dass sich etwas am Horizont zusammenbraut.

Polizeiautos überholen uns. Sie rasen vorbei, aber in den Gesichtern der Menschen, die mein Bruder und ich vom Rücksitz aus beobachteten, steht die Angst. Meine Eltern versuchen wie immer, Ruhe zu bewahren. Aber diesmal gelingt es ihnen nicht. Sie unterhalten sich leise, wollen uns nicht beunruhigen. Als ob dazu Worte nötig wären.

Wir kommen in Tiflis an. Es ist wie bei einem Gewitter, man hört den Donner, zählt die Sekunden bis zum Blitz. Aber da sind fast keine Sekunden mehr. Wir hören Artilleriefeuer. »Zwanzig Kilometer vor der Stadt«, höre ich meinen Vater sagen. Was sind zwanzig Kilometer. Wir sind mitten drin in den Kämpfen zwischen russischen und georgischen Truppen.

Russen gegen Georgier.

Es ist Krieg, denke ich, es ist tatsächlich der Krieg ausgebrochen. Ich kann es mir vorsagen, so oft ich will, es ist nicht zu begreifen. So fühlt sich das an, denke ich, aber ich spüre nichts. Unglaublich, es tut nicht weh, wenn Freiheit zu Unfreiheit wird.

Russische Truppen vor Tiflis. Ich schnappe Informationen auf, kann sie aber kaum zusammensetzen. Sie kämpfen um Ossetien, warum sind sie in Tiflis? Zahlen schießen mir durch den Kopf wie Querschläger. 48 russische Soldaten kommen auf einen Georgier. Zwanzig Kilometer vor Tiflis sind sie, werden sie die Stadt einnehmen?

Der Konflikt schwelt seit Jahren, genau genommen seit der Unabhängigkeit Georgiens nach dem Zusammenbruch der Sowjetunion Anfang der 1990er. Damals, als sich Georgien von Russland gelöst hatte, spalteten sich die beiden Regionen ihrerseits von Georgien ab. Sie betrachten sich als autonome Republiken, was bis heute nur fünf Länder international anerkennen, unter ihnen Russland. Seit Juli gab es nun Kampfhandlungen zwischen südossetischen Milizen und der georgischen Armee, jetzt hatte die russische Luftwaffe eingegriffen, seit ein paar Tagen fielen Bomben.

Ich denke an diesen Handschlag mit Angela Merkel. Es ist erst ein paar Monate her, ich stand ihr gegenüber und bat sie um Unterstützung für Georgien beim NATO-Gipfel in Bukarest. Wir gaben uns die Hand, schauten uns in die Augen.

Es hätte alles anders kommen können, das alles hätte verhindert werden können. Mit etwas mehr Mut von ein paar Politikern, von der EU. Mehr Mut für dieses kleine Land namens Georgien. Weiß eigentlich irgendjemand dort drüben, wie viel Freiheit hier wert ist? Weiß eigentlich irgendjemand, dass das hier überhaupt passiert? Kümmert sich eigentlich irgendjemand um uns vergessenen Menschen, die nichts anderes verbrochen haben, als am falschen Fleck Europas zu leben?

Dann war es mir auf einmal ganz klar. Wenn sie Tiflis haben, war die Rosenrevolution so gut wie nie passiert, Saakaschwilis Reformbestrebungen der vergangenen Jahre waren hinfällig, völlig umsonst gewesen. Keine NATO, keine EU, keine Perspektive, keine Aussicht auf eine Zukunft. Auf einmal kam mir die ganze Absurdität der Lage zu Bewusstsein. Da steckte ich mitten in einem Krieg, und das war noch nicht einmal das Schlimmste.

Kaum waren wir bei unserer Familie in Tiflis angelangt, gab es nur einen Gedanken. Wir mussten sofort wieder weg. Und weg bedeutete nicht einfach nur: Wir fahren heim. Es bedeutete Flucht.

Über die Grenze in den NATO-Staat Türkei und von dort aus mit dem erstbesten Flug zurück nach Deutschland, das war unser Weg. Aber dazu mussten wir erst von Tiflis an die türkische Grenze kommen. Das Land von Osten nach Westen durchqueren. Die Ost-West-Fernstraße über Gori meistern.

Die Strecke nachts zu befahren, war unter den Umständen lebensgefährlich. Meine Eltern telefonierten mit den Verwandten daheim im Dorf. Wir konnten erst im Morgengrauen aufbrechen, da wäre es sicherer. Mein Onkel wollte uns fahren. Er musste erst hierher nach Tiflis, dann mit uns quer durchs Land zur Grenze und dann den ganzen Weg wieder zurück. Meine Eltern weigerten sich. Er war gerade Vater geworden, er konnte sein Leben nicht aufs Spiel setzen. Er ließ es sich nicht ausreden.

Bevor wir losfahren, halten wir noch kurz bei der Sameba-Kirche an. Wir wollen eine Kerze anzünden und um Schutz bitten. Wir zünden alle Kerzen an. Dann brechen wir auf. Eine wichtige Verbindungsstelle ist zerstört, wir können nicht um Gori herum, wir müssen durch die Stadt durch.

Ins Auge des Sturms. Direkt hinein ins Höllenfeuer.

Wir rumpeln über die zerbombte Straße nach Gori.

Ich halte Ausschau nach Flugzeugen.

Ich versuche, in dem Qualm der eben vor uns detonierten Bombe zu atmen.

Ich filme mit meiner kleinen Digitalkamera mit.

Ich schwöre, alles in meiner Macht Stehende für Frieden, Freiheit und Gerechtigkeit tun.

Wenn ich das hier überlebe.

WAHRHEIT UND WIRKLICHKEIT

Irgendwann in den frühen Morgenstunden waren wir daheim. Daheim in Deutschland. Völlig fertig und mit den Nerven am Ende. Wir umarmten uns, drückten uns fest und weinten still. Wir waren erschöpft genug, um ein paar Stunden schlafen zu können.

Erstaunlich rasch geht der Alltag wieder los. Ich fahre ins Tonstudio nach Berlin, um ein deutsches Lied für meine TV-Serie aufzunehmen. Es heißt »Regenbogenzeit«, ich singe es als Layla, der aufstrebenden Pop-Sängerin in der deutschen Musiklandschaft, bei der kürzlich Multiple Sklerose diagnostiziert wurde.

Doch Tränen vergehen und Schmerz heilt die Zeit, hab tausend Gedanken und die Hoffnung, die bleibt. Ich werd's überstehen, kann die Sonne schon sehen. Hinter den Wolken. In dieser Regenbogenzeit.

Der Text passt zu dem, was wir gerade hinter uns haben. Der Entstehungsprozess des Liedes hilft mir und meiner Familie, das Kriegserlebnis zu einem großen Teil zu verarbeiten.

Trotzdem ist es seltsam, zu Schulanfang im September neben meinen Klassenkameraden zu sitzen, hinter denen Urlaube in Spanien, Italien oder Griechenland liegen. Wie denn die Ferien gewesen wären, wollen die Lehrer wissen. Fast in jedem Fach dieselbe Frage. Die anderen erzählen. Ich möchte nicht darüber reden und erwähne nur, dass ich kurz bei meiner Familie in Georgien gewesen sei.

»Ach Georgien«, sagt die Lehrerin, die wir in Geschichte haben. »Da war doch was ...«

Ja, da war was, denke ich.

»Gab es da nicht einen Konflikt mit Russland oder so was?«

Oder so was, denke ich.

Die Lehrerin lässt nicht nach. »Ihr seid ja auch verrückt, Russland einfach so anzugreifen. Was habt ihr euch auch dabei gedacht?« Sie tippt sich mit dem Zeigefinger an die Schläfe.

Das ist also Geschichtsunterricht in Deutschland, denke ich. Das ist der Beitrag einer Geschichtslehrerin zu einem aktuellen Konflikt. »Wir« haben Russland angegriffen, das ist es, was man in Deutschland über den Kaukasus-Krieg denkt.

Nach der Schule renne ich zum Kiosk und kaufe einen ganzen Haufen Zeitungen, über den ich mich zu Hause hermache.

Tatsächlich unterschied sich die Berichterstattung kaum von der Sicht meiner Lehrerin. Ich war schockiert, wie unreflektiert man bestimmte Dinge nachbetete, statt sich selbst ein Bild von der Lage zu machen. Da war nicht die leiseste Rede von einem Versagen der westlichen Wertegemeinschaft, geschweige denn von einer Rückkehr des kalten Krieges. Ganz im Gegenteil. Wir waren die Bösen.

»Georgien hat den Krieg begonnen«

Das ist der allgemeine Tenor. Auch im Fernsehen. Die Geschichtslehrerin war nicht die Einzige, die uns für verrückt hielt. Nur, dass sich sonst niemand mit dem Finger an die Stirn tippte.

Daran ändert auch Angela Merkel nichts. Unmittelbar nach den schrecklichen August-Tagen ist sie zu Micheil Saakaschwili nach Georgien gereist und hat versichert: »Georgien wird NATO-Mitglied werden, sofern es das auch will.«

Wie gerne ich diese Worte dieses Jahr schon ein bisschen früher gehört hätte, denke ich. Nun ist es leider zu spät.

Im Dezember 2008 kam dann auch die EU-Kommission mit der »Unabhängigen Untersuchungskommission zum Konflikt in Georgien« unter der Leitung der Schweizer Diplomatin Heidi Tagliavini zu dem eindeutigen Schluss: Georgien habe den Krieg mit Russland angefangen; der Angriff der russischen Truppen auf die georgische Aggression wäre legitim gewesen.

Ich war wie vor den Kopf geschlagen. Wo waren sie, die bisher scheinbar so unerschütterlichen liberalen demokratischen Werte, die so viele Menschen in Georgien hochgehalten und die so vielen Hoffnung gegeben hatten. Die westliche Politik hatte samt der Diplomatie den Kopf eingezogen und ihn tief in die russische Erde gesteckt.

Sie haben sich gedrückt. Sie haben dem Großmachtanspruch Russlands und der russischen Aggression gegenüber dem Westen nichts entgegengesetzt. Sie haben sich darum herumgewunden. Wer laut aussprach, dass Russland dem Westen oder der EU schaden wollte, galt als paranoid und subjektiv. Natürlich war ich subjektiv. Es ging um mein Land.

Sie haben Putin seine Version abgekauft. Saakaschwili hätte aus dem Nichts heraus russische Staatsbürger in Südossetien angegriffen. Zumindest hatten sie nicht den Mumm, zuzugeben, dass das ein lange vor 2008 geplanter russischer Angriff auf Georgien war.

Vier Jahre sollte es dauern, bis Putin es zugab. Bis er bestätigte, dass ein detaillierter militärischer Plan schon seit 2006 existiert hatte. Er war unter seiner Anweisung vom Generalstab ausgearbeitet worden, die Einsatzbefehle für die Kommandeure zum Angriff auf Georgien waren schon damals erteilt gewesen. Die russischen Militärs hatten abtrünnige Separatisten trainiert und sie lange vor dem August 2008 in den abtrünnigen Gebieten mit »freiwilligen« russischen Kosaken-Söldnern positioniert. Auf einmal gab es keine Zweifel mehr: Es hatte sich um einen geplanten, kalkulierten, aggressiven Angriff seitens Russlands gehandelt.

Die Rede war nun nicht mehr nur von der Nutzung der abtrünnigen georgischen Gebiete, um Georgien auf seinem europäischen Reformkurs weitreichend zu destabilisieren. Es war die erste offensichtliche Umsetzung von Putins geopolitischer Großmacht-Ansprüche in konkrete Handlungen. Eine direkte Konfrontation mit dem Westen, die sanktionslos geblieben war.

Ebenso wie: die massenhaften Verteil-Aktionen russischer Reisepässe an die Bevölkerung in den abtrünnigen Gebieten Abchasien und Südossetien; die ethnische Säuberung der georgischen Bevölkerung auf dem eigenen Staatsgebiet; das beachtliche Vordringen und die Aggression der russischen Einheiten gegenüber georgischer Zivilisten auf dem georgischen Staatsgebiet; und der deutlich verspätete Abzug der russischen Truppen nach der sogenannten Friedensvereinbarung. Das alles war ohne Sanktionen durchgegangen.

Da stehe ich also, mitten in Menschengruppen, denen ich die Lage erklären möchte. Das hat sich in letzter Zeit in meinen Alltag geschlichen.

»Entschuldigung, wenn ich erklären dürfte …«

»Es dauert ein paar Minuten, man muss da etwas zurückgehen … «

»Um die Dinge wirklich verstehen zu können, muss man wissen …«

Die Menschen sind interessiert, aber nicht sehr geduldig. Sie haben Fragen, aber sie wollen einfache Antworten, keine langwierigen Ausschweifungen über die Ursprünge des Problems. Ich versuche, die Vorgänge zu erklären, und berichte von meinen Erlebnissen. Es ist allerdings nicht leicht, die Dinge sind nicht so einfach heruntererzählt. Sie haben eine Vorgeschichte, die Zusammenhänge sind komplex.

Ich beschließe, Bilder sprechen zu lassen. Meine Video-Aufnahmen vom Krieg zu veröffentlichen, würde viele Fragen ersparen. Etwas zu sehen, ist mehr, als nur von etwas zu hören. Ich will den Menschen vorführen, was Russland von Freiheit, Demokratie und Rechtsstaatlichkeit in seiner unmittelbaren Nähe hält.

Ich drehe eine Reportage für den MDR. Daraufhin kommen einige Anfragen deutscher Medien rein. Es gibt also Informationsbedarf, denke ich, und bin recht zuversichtlich. Bis meine Filmproduktion Saxonia Media, die »Schloss Einstein« produziert, von den Anfragen der Fernsehleute Wind bekommt. Meine Mutter und ich werden vor Ort ins Büro der Produktionsleitung bestellt.

Ich kenne die Dame, zu der wir zitiert werden. Sie war oft am Set und hat meine Schauspielkünste aus nächster Nähe bewundert. Sie war nett, so nervös und hysterisch wie jetzt habe ich sie noch nie gesehen. Sie begrüßt uns knapp und hält sich nicht lange auf. Man habe erfahren, dass ich mich politisch engagiere. Ihre Stimme ist aufgeregt und zittert. Sie müsse mir ausdrücklich nahelegen, solche politischen Aktivitäten meinerseits umgehend zu unterlassen.

Sie räuspert sich. Oft kommt es offenbar nicht vor, dass sie einem ihrer Darsteller Zivilcourage verbieten muss. Ich möge mich daran halten, und sei es auch nur die Berichterstattung meiner Erlebnisse im Krieg. Sie rückt ihr Wasserglas zurecht, das neben dem Laptop auf dem Schreibtisch steht.

»Ansonsten«, sagt sie und ihre Stimme wird fester, »wird der Geldhahn für die Produktion abgedreht.« Vor Nervosität schüttet sie das Wasser über die Laptop-Tastatur.

Und schon sind wir wieder draußen. Meine Mutter und ich reden nicht viel auf dem Heimweg. Wir sind geschockt über dieses bizarre Gespräch.

Es verging kein Drehtag mehr, an dem ich nicht an die mahnenden Worte dachte. Ich konnte mir keinen Reim darauf machen. Was hatte das zu bedeuten? Ich durfte nicht über etwas sprechen, was mir am Herzen lag? Wo, wenn nicht hier sollte ich die Freiheit haben, über so ein Erlebnis berichten zu dürfen?

Ich hatte einen Maulkorb verpasst bekommen. Tatsächlich wurden alle Interviewanfragen geblockt, ich war auf stumm geschaltet. Es war, als würde ich durch ein umgedrehtes Fernglas schauen. Georgien war klein und ganz weit weg. Ich beobachtete die Entwicklung der Situation zwischen meinem Land, Russland und der EU ab jetzt nur aus der Ferne.

Ich brachte meine letzten Drehjahre bei »Schloss Einstein« zu Ende, ohne am Maulkorb zu rütteln, und tourte noch zweimal mit KiKa durch Deutschland. Wir hatten Auftritte vor insgesamt mehreren Hunderttausend Zuschauern, Autogrammstunden und Interviews, da war schon was los.

Dann kam das Abitur auf mich zu und ich tat, was alle Mädchen in meinem Alter im letzten Schuljahr tun. Ich büffelte.

DER PRÄSIDENT

Ein heißer August-Sommertag in Batumi. Ich schaue aus dem Fenster eines Hochhauses zum Meer und suche vergeblich den Horizont. Es ist ein Sonntag.

Vier Jahre ist es her, dass wir zuletzt in Georgien waren, bei unserem Blitzbesuch im Höllenfeuer. Meine Eltern hatten die Reise ziemlich spontan beschlossen, und jetzt sitzen wir da, hoch über der Hafenstadt, rund um uns Familie und Freunde am Esstisch, und alle schauen gebannt auf den Fernseher. Diesmal hat die Aufregung nichts Bedrohliches, wir sind gespannt, aber vor Freude. Besonders ich. In wenigen Minuten bringen sie eine Reportage über meine Erlebnisse im Krieg. Und alle werden sie sehen.

Vor ein paar Stunden bin ich noch am Strand gelegen und habe den wilden Wellen des Schwarzen Meers gelauscht, die über die bunten Strandsteine rauschten. Ich sah zum Himmel hinauf, als ein kleines Flugzeug vorbeiflog. Vor vier Jahren wäre mir jetzt die Angst an die Kehle gegangen. Erinnerungen kommen zurück, aber nur ganz kurz.

»Es hat angefangen!«, ruft meine Tante.

Irgendwer dreht die Lautstärke auf. Ich halte mir die Augen zu, lasse aber einen kleinen Schlitz frei, um dann doch etwas sehen zu können. Das hier ist etwas anderes als meine Teenie-Auftritte. Das hier hat mit mir zu tun und meinem größten Anliegen.

Die Reportage erzählt meine Geschichte im Krieg. Sie zeigen die Aufnahmen, die ich 2008 auf unserer Flucht mit meiner Digitalkamera gemacht habe. Dann sieht man mich in einem Interview in Tiflis, in dem ich auf die positive und schnelle Entwicklung des Landes in den vergangenen Jahren aufmerksam mache und meinen Herzenswunsch anbringen darf: den Ausbau der Infrastruktur in der Gegend, wo meine Oma wohnt.

Als der Nachspann läuft, schaue ich mich um. Einige in der Runde sind zu Tränen gerührt, der persönliche Schluss geht uns allen nahe. Sie klopfen mir auf die Schulter und umarmen mich.

»Gut gemacht, Nini.«

»Du kannst was bewegen.«

»Weiter so.«

Da ist sie wieder, die Zuversicht. Das Gefühl, etwas tun zu können. Etwas tun zu müssen. Jedes Puzzlesteinchen zählt, damit sich andere das Bild von Georgien zusammensetzen können. Alles, was dazu beiträgt, unser Land in den Blickwinkel der EU zu rücken, ist ein Schritt in die richtige Richtung.

Die Rührung ist zu Ende, als das georgische Festmahl aufgetragen wird. Es gibt Chatschapuri, eingerollte Auberginen mit Wallnusspaste und Granatapfelkernen, georgischen Tomaten-Gurken-Salat mit rotem Basilikum, einfach alles.

»Ich hoffe ja, dass sich das wirklich jemand angeschaut hat«, sage ich zu meiner Tante und trinke darauf erst mal eine kühle Estragon-Limonade.

Bevor sie antworten kann, klingelt ihr Handy und sie verschwindet ins Nebenzimmer.

»Keine Sorge«, sagt meine Mutter, »in Georgien hat das heute jeder mitbekommen, darauf kannst du wetten.«

»Deutschland wäre wichtig, weil –«

»Haltet euch fest«, unterbricht mich Tante Mary, sie ist ganz blass im Gesicht.

Alle schauen von ihren Chatschapuri auf.

»Das war gerade die Administration des Präsidenten«, wie zum Beweis hält sie das Handy hoch, »sie haben angerufen, um einen Termin für Nini auszumachen. Er würde dich gerne in Tiflis empfangen.«

»Wer?«, frage ich entgeistert.

»Moment«, sagt meine Mutter, »was hast du gerade gesagt?« Sie ist wie immer erst einmal skeptisch.

»Der Präsident möchte sie sehen«, sagt Tante Mary. »Micheil Saakaschwili möchte deine Tochter treffen.«

Jetzt haben es alle begriffen.

»Was?«

»Wie cool!«

»Wann geht's denn los?«, rufe ich, »in zwei Wochen, in drei?«

»Nein«, sagt meine Tante. »Morgen.«

Am nächsten Tag springe ich drei Stunden vor Abfahrt zum Flughafen an der Küste von Batumi ins Meer und schwimme weit hinaus. Das brauche ich jetzt. Als ob mein Leben nicht schon verrückt genug wäre, soll ich jetzt auch noch mit einem Helikopter über Georgien fliegen und den Staatschef treffen. Was ist mit dir, Universum?

Die Wellen werden plötzlich so hoch, dass sie mich mitreißen. Ich fange an, Wasser zu schlucken. Dunkle Wolken ziehen auf und ein kräftiger Wind peitscht das Meer. Ich schaffe es kaum noch, zum Strand zu schwimmen. Mein Vater springt ins Wasser und zieht mich heraus.

»Was machst du denn für verrückte Sachen?«, sagt meine Mutter. Aber vermutlich spricht das Universum durch sie.

Ich schüttle mich und trockne mich ab. Jetzt fühle ich mich bereit für den georgischen Staatschef. In ein paar Stunden wird er mich empfangen. Meine Tante und meine Mutter begleiten mich. Gemeinsam fahren wir zum Flughafen, steigen in einen kleinen Hubschrauber und heben ab. Im wahrsten Sinne des Wortes.

Der Heli neigt sich und dreht weg. Wir fliegen über den Strand, an dem ich gerade noch lag. Wir schweben über Dörfer und Städte hinweg, unter uns wechselt die Landschaft ihr Gewand. Manchmal sieht es fast tropisch aus, dann wird es hügelig, wir fliegen über Berge, dann wieder über trockene Wüstenlandschaften. Das Land ist wunderschön, auch von oben.

Eine Stunde später landen wir in Tiflis. Ich bekomme es gar nicht richtig mit. Ich bin geflasht von dem schönsten Flug meines Lebens.

Man fährt uns zum Präsidialgebäude. Das Gebäude sieht aus wie eine Mischung aus dem Reichstag in Berlin und dem Weißen Haus in Washington. Perfekt, denke ich. Wir haben etwas Zeit, ich kann, wie in Berlin, zur Kuppel hinaufsteigen und kurz die Aussicht auf die Stadt genießen. Ich weiß nicht, ob Tiflis wirklich so schön ist, wie es mir gerade vorkommt.

Man drängt. Ich muss weiter zum Empfang im Präsidentenflügel. Meine zwei Begleiterinnen warten lieber einmal draußen. Ich gehe die Treppen hoch und werde in einen Raum geführt, der mich stark an ein Museum erinnert. Eine Vitrine ist voll von Geschenken, überall steht dabei, wer sie mitgebracht hat. Die Politiker-Namen aus dem Westen sind mindestens so Ehrfurcht erregend wie ihre Mitbringsel. Ich kann mich kaum losreißen. Man bittet mich, mich zu setzen.

Ich schaue auf eine Bilderwand vor mir, so ähnlich wie ich sie schon in einigen Küchen gesehen habe, nur viel riesiger. Es sind unendlich viele kleine Fotos mit dem Präsidenten und seinen Gästen, die er hier empfangen hat. Darunter auch Angela Merkel. Ich laufe schnell hin, sehe mir das Bild von der Nähe an und muss kurz schmunzeln. So sehen wir uns also wieder, denke ich. Da macht der große Sicherheitsmann die Tür auf. Micheil Saakaschwili ist noch nicht fertig. Konzentriert sitzt er am großen Schreibtisch und unterschreibt rasch die letzten Dokumente, die vor ihm liegen. Als er mich sieht, rafft er alles auf einen Stapel zusammen, steht hastig auf und kommt auf mich zu.

Ob man es mir glaubt oder nicht, er kam mir wie ein alter Freund vor, den ich schon lange nicht mehr gesehen habe. Ich hatte einen starren, alten Politiker erwartet, sehr elitär, wie man es aus Deutschland gewohnt ist. Aber der hier ist irgendwie anders. Ein Kumpel, denke ich, und will mich schon dafür genieren.

»Da bist du ja!«, ruft er in dem Moment voller Freude und streckt mir die Hand hin. »Freut mich sehr, dich zu sehen und dich endlich kennenzulernen. Kannst gerne Mischa zu mir sagen.«

«Mischa«, sage ich automatisch.

Warum nicht? Er hat im Westen studiert, für alle, die etwas älter sind als ich, ist er jung, angeblich nennt ihn jedermann bei seinem Kosenamen. Trotzdem bin ich so verblüfft, dass ich fast auf meine Begrüßung vergesse und mein Sprüchlein, wie sehr ich mich freue und geehrt fühle. Ich sage es auf Georgisch und dann auf Englisch.

»Weißt du, ich wollte dich eigentlich schon damals kontaktieren, 2008. Ich habe das mit Angela Merkel mitbekommen und war überrascht. Aber ich hatte danach in dem Jahr leider keine Zeit mehr und habe es aus den Augen verloren.«

Ich hole Luft, um etwas zu sagen, aber er ist schneller.

»Aber gestern, da habe ich die Reportage gesehen und bin fast vom Stuhl gefallen, als ich von deiner Geschichte hörte. Da ist es mir wieder eingefallen. Die Aufnahmen, die du gemacht hast, ich habe mich darin erkannt. Ich bin genau an derselben Strecke mit dem Auto an euch vorbeigefahren.«

Das glaube ich jetzt nicht. Während ich nicht fassen kann, was Micheil Saakaschwili mir da gerade erzählt, überreicht er mir ein kleines blaues Geschenkpäckchen. Ich nehme es und schaue ihn mit großen Augen an.

»Wow, vielen lieben Dank!«, sage ich zu ihm und weiß gar nicht, wie ich meine Emotionen in Worte packen soll. Ich vergesse sogar, das Päckchen aufzumachen. Später entdecke ich darin nicht irgendein beliebiges Souvenir, sondern nachgemachte Ohrringe und eine Halskette von Exponaten aus dem Archäologischen Museum in Mtskheta.

Saakaschwili winkt ab. »Das ist nur ein kleines Dankeschön meinerseits. Aber für das, was du bisher geleistet hast, kann man dir gar nicht genug danken.« Er grinst mich an.

Ich bedanke mich noch einmal und schaue mich dann in dem großen Zimmer um. An der Wand hängen Bilder von Georgien vor und nach der Rosenrevolution. Ich gehe näher hin. Eine Galerie des Fortschritts. Wie in einem Museum dokumentieren die Fotos die Ergebnisse der langjährigen Reformen in diesem Land.

Unter all den Bildern bleibe ich an einem ganz besonders hängen. Oben ein Foto von einem Klassenzimmer kurz vor dem Millenniumswechsel, wie damals bei mir; und unten die modernen Klassenzimmer von heute, die mit Laptops ausgestattet sind.

Saakaschwili schließt sich mir an und erzählt mir zu jedem Bild die Geschichte. Reformen hier, Reformen dort.

Ich weiß, was er meint. Georgien hatte zu der Zeit, als ich das Land verließ, einen schlechteren Korruptionsindex als Uganda. Ich erinnere mich noch an die Zeit, in der die Polizei mit den Kriminellen unter einer Decke steckte, man keinem vertrauen konnte und ständig in Angst leben musste. Nach seinem Amtsantritt nach der Rosenrevolution ließ Saakaschwili zum Beispiel sechzehntausend Polizisten kündigen, stellte neue ein und ließ sie deutlich, etwa ums Zehnfache, besser bezahlen, damit sie nicht mehr auf Schmiergelder angewiesen waren. Er sagte der

Korruption einen gnadenlosen Kampf an und ließ Tausende korrupte Politiker und Staatbedienstete verhaften. Jetzt, 2012, steht Georgien auf der Korruptionsrangliste besser da als Länder wie Tschechien oder Griechenland. Wir können unser Auto offen auf der Straße vor der Haustür herumstehen lassen, ohne Bedenken.

Dann sind wir bei seinem Lieblingsthema, Architektur. Er zeigt mir Modelle, Pläne und Zeichnungen von Gebäuden, von verschiedenen Architekten, darunter vor allem der deutsche Jürgen Mayer; eigentlich Jürgen Mayer H., um sich mit seinem Allerweltsnamen von den anderen Jürgen Mayers abzuheben.

Das halbe Land ist voll von Saakaschwilis moderner Architektur. Diktaturen seien eintönig, Demokratien bunt, mit dem Satz wird er oft zitiert. Vor allem aber will er sich von der monumentalen Klotzbauweise in der Sowjetunion abheben, wie man sie auch in Tiflis hinterlassen hat. Graue Straßen, bevölkert von grauen Menschen in grauen Anzügen, die in grauen Häusern wohnten, hat er einmal gesagt. Habe ich irgendwo gelesen.

Er erzählte stolz von der Public Service Hall, einem riesigen, gläsernen, futuristischen Gebäude, das eben in Tilfis fertiggestellt wurde. Diese Public Service Halls gibt es in jeder Region, nicht ganz so imposant wie die in Tiflis, aber auch die kleineren Versionen fallen auf in ihrer Transparenz und Modernität, die sie vermitteln sollen. Die Halls beherbergen Regierungsbehörden und erbringen öffentliche Dienstleistungen, in der Hauptstadt sind es bis zu vierhundert. Die beliebtesten davon sind die Ausweis- und Reisepassstellen und die Ehe-, Geburten- und Immobilienregistrierung.

»Und das Besondere daran«, sagt der Präsident und grinst mich an, »das alles ist in maximal fünf Minuten erledigt ist, weil es unbürokratisch und elektronisch abläuft. Fünf Minuten für einen neuen Ausweis! Hast du so was schon mal in Deutschland gesehen?« Es war wohl eine rhetorische Frage.

Ich kenne die Gebäude, von denen er redet. Der Flughafen in Mestia war eine Sensation. Fertig in drei Monaten, rechtzeitig vor dem ersten Schnee. Vor Tiflis hat er eine futuristische Tankstelle bauen lassen, genau an der Autobahn, über die im August 2008 die russischen Panzer einrollten. Die Tankstelle ist jetzt ein Ausflugsziel. In Batumi gibt es neue Hotels, eine Strandpromenade und so eine Public Service Hall, die aussieht wie eine auf dem Kopf stehende Flasche. Transparente gläserne Polizeistationen sowie ein neues ebenso gläsernes Parlament in Kutaisi. In seiner Regierungszeit sei in Georgien mehr gebaut worden als in den acht Jahrhunderten zuvor, sagt Saakaschwili gern. Ich meine Mischa.

Er ist cool, down to earth. Gleichzeitig hat er ein bisschen was von einem verrückten Wissenschaftler, er ist ein Vollzeitidealist und eigentlich zu genial für einen Staatschef, denke ich und schaue ihm zu, wie er seine Dokumente wieder am Schreibtisch ordnet. Der Rundgang ist zu Ende. Wir stehen erstmals etwas verloren im Raum herum und betrachten die Luft von allen Seiten. Er schaut auf seine Uhr.

»Hast du Hunger?«, fragt er plötzlich.

Ich überlege kurz und grinse wie ein Honigkuchenpferd.

»Wir können gleich hier draußen was essen, dann kann ich dir noch etwas vom Gebäude zeigen.« Und schon sind wir auf dem Weg durch die Hintertür zur Gartenterrasse.

Draußen scheint die Augustsonne. Wir setzen uns an einen weißen Tisch mit Schirmchen und bestellen erst mal georgische Birnenlimonade.

»Meine Tante und meine Mutter haben sich sehr über deine Einladung gefreut«, sage ich, »sie platzen vor Stolz, dass sie mich begleiten dürfen.«

»Jetzt sag bloß, die sind auch hier«, sagt er halb überrascht, halb vorwurfsvoll. »Wenn ich das gewusst hätte!« Er ruft einen Sicherheitsmann, der die Anweisung bekommt, meine Verwandten-Eskorte an den Tisch zu holen.

Bei der Limonade sprachen wir über meine Oma, wo ich aufgewachsen bin, welche Abenteuer ich erlebt habe, über meine Eltern und was ich jetzt so mache. Mary und meine Mutter tauchen rechtzeitig zur Kartoffelsuppe auf. Sie werden herzlich begrüßt, auch sie müssen Mischa sagen.

Meine Tante hat sich schnell im Griff. Sie tut, als wäre das alles ganz alltäglich. »Schau mal einer die beiden da an«, sagt sie, »ihr habt es euch aber schnell gemütlich gemacht.«

»Schön, euch kennenzulernen«, sagt der Präsident, »jetzt erzählt doch mal, wie habt ihr das alles eigentlich hinbekommen?«

Mary und meine Mutter erzählen. Ich habe ihm für seinen jüngeren Sohn ein deutsches Buch und einen schwarzen Fußball von meinem Film »Die wilden Kerle« mitgebracht. Dann sind wir auch schon wieder beim Tee. Er trinkt ihn wie ich schwarz, gezuckert und sehr heiß. Wenn wir hier nicht im Amt des Staatsoberhauptes wären, wäre ich überzeugt, dass das der Beginn einer wunderbaren Freundschaft ist.

Micheil Saakaschwili schaut auf die Uhr. Ich mache mich schon bereit, mich zu verabschieden und ihn wieder arbeiten zu lassen, da zögert er.

»Habt ihr vielleicht Lust, mich nach Süd-Georgien zu begleiten?«, fragt er. »Ich müsste jetzt nach Achalziche fliegen, um mir dort die Bauarbeiten anzusehen. Es ist ein Hin-und-Zurück, aber ich würde mich sehr über Gesellschaft freuen.«

Ich brauche nicht lange zu überlegen. »Gehen wir«, sage ich. Den leicht strengen Seitenblick meiner Begleiterinnen ignoriere ich.

Keine zehn Minuten später sitze ich neben dem Präsidenten in seinem blauen Elektro-Nissan auf dem Weg zum Flugplatz. Er fährt selbst und lädt mich ein, bei ihm mitzufahren. Hinter uns im Begleitwagen folgen meine Mutter und Mary. Da kutschiert mich also der georgische Regierungschef in einem lautlosen Elektroauto durch Tiflis und unterhält sich mit mir wie mit jemanden, den er lange kennt. Mehr noch, wir können über dieselben Dinge lachen und haben eine Menge Spaß. Was für ein Tag.

Und was für eine Stadt. Wir kurven durch Tiflis wie bei einer Schnitzeljagd. Es ist, als würden wir bloß die Gegend erkunden, jedenfalls fühlt es sich gut an. Kein Protz, keine Überheblichkeit, wir sind ein Teil des großen Ganzen. Am Flugplatz wartet der Helikopter, die Rotoren laufen schon.

Wir rennen mit eingezogenen Köpfen drunter durch. Ich habe einen Fensterplatz, Mama und meine Tante sitzen gegenüber. Ich mache ein Foto von ihnen, falls ich das alles nachher nicht mehr glauben kann, und setze mir die Kopfhörer auf. Wir heben ab.

Die Aussicht nach unten ist atemberaubend und wird immer schöner, je weiter wir nach Süden kommen. Saakaschwili, »Mischa, bitte«, macht sich an ein paar Reglern zu schaffen, und auf einmal hören wir das Lied »Regenbogenzeit«. Mein Lied im Hubschrauber vom Präsidenten. Der Tag wird immer verrückter. Unten erscheinen türkisblaue Bergseen, dunkelgrüne Hügel, oben läuft das Lied der Hoffnung. Von mir aus könnte das ewig so weitergehen. Aber bald darauf überfliegen wir die wunderschöne Stadt Achalziche und landen.

Mischa, langsam gewöhnte ich mich daran, ist lange genug ruhig gesessen und öffnet eigenhändig die Hubschraubertür. Wir machen eine kleine Besichtigungstour durch die orientalisch angehauchte Stadt, die durch allerhand Renovierungen zu neuem Leben erblüht. Moderne Geschäfte treffen auf jahrtausendealte Versatzstücke aus verschiedenen Kulturen.

Die Bauarbeiten an den ehemaligen Ruinen des Adelspalastes sind voll im Gange. Der Platz war immer ein beliebtes Touristenziel und soll wieder eins werden. Wir besichtigen den Bau und begrüßen die georgischen Arbeiter. Der Präsident lässt sich die Fortschritte zeigen. Er bewegt sich auf der Baustelle, als wäre er hier daheim. Architektur ist wirklich sein Metier. Irgendeine Zeitung hat einmal geschrieben: Was Saakaschwili am liebsten tut, ist bauen.

Als er über alles auf dem jüngsten Stand ist, geht es gegen Abend. Wir müssen wieder zurück in die Hauptstadt, die mittlerweile hell erleuchtet ist. Vom Hubschrauber sah es aus, als hätte jemand eine Schachtel kleiner Leuchtkügelchen ausgeschüttet. Der Anblick fasziniert mich, nachts ist Tiflis fast schöner als am Tage.

Der Heli setzt behutsam auf. Wir verabschieden und bedanken uns beim Präsidenten, er drückt uns allen die Hand. Dann geht es auf nach Hause zu meiner Großmutter. Nach dem Treffen mit Micheil Saakaschwili machte ich mir so meine Gedanken über Politiker und Politikerinnen. Was bringt diese Menschen zu der Entscheidung, für etwas aktiv einzustehen. Was ist der ausschlaggebende Moment, der einen Menschen dazu bewegt, sich für andere einzusetzen und etwas Positives zu bewirken. Haben wir nicht alle insgeheim das Potenzial, die Welt ein Stück besser zu machen. Könnte das nicht jeder von uns, wenn er es nur wollte?

Ich sitze gedankenverloren auf dem Balkon und schaue zum Garteneingang. Ich nehme das schwarze Auto mit den verdunkelten Scheiben, das am Eingang vorbeifährt, nicht gleich wahr. Bis der Wagen langsam im Rückwärtsgang zu unserem Eingang zurückschiebt und davor stehen bleibt.

Ein Mann mit einem schwarzen Anzug steigt aus und überreicht meiner Großmutter, die zum Eingang eilte, ein Päckchen. Dann steigt er wieder ein, das Auto fährt los.

Kurz denke ich, ich hätte mir das alles nur eingebildet. Dann laufe ich zu meiner Oma, nehme ihr das Päckchen aus der Hand und mache es auf. Ein weißes Handy mit Ladekabel. Das Gerät vibriert, es scheint eine Nachricht auf:

Hi, das ist ein georgisches Handy. Hier können wir besser kommunizieren. Bzw. hättest du nicht Lust, mal die georgische Hymne zu singen? Mischa

Was für eine irre Idee, denke ich, und schreibe zurück:

Hi, danke vielmals, Mr. President. Natürlich! Wann, wo? Liebe Grüße, Nini

Gleich darauf vibriert es wieder.

In drei Tagen, bei der offiziellen Gedenkveranstaltung der Kriegsopfer in Gori. Das ganze Land nimmt teil, es wird live übertragen und ich bin sicher, du kriegst das hin.

Na, wenn er so sicher ist:

Okay, geht klar

Okay, geht klar?

Ich weiß gar nicht, wann ich zum letzten Mal unsere Hymne gesungen habe, geschweige denn alleine, und praktisch vor ganz Georgien. In Wahrheit kann ich nicht einmal den Text auswendig. Ich gehe ins Haus und suche meine Mutter.

»Mama«, sage ich, »der Präsident hat mir ein georgisches Handy geschickt, wir schreiben miteinander, und ich werde übermorgen nach Gori fahren müssen, um dort die Nationalhymne zu singen.«

»Okay, wenn's sonst nichts ist«, sagt sie.

Auch der Rest der Familie nahm das Ganze gelassen auf. Sie waren froh und dankbar über den plötzlichen engen Kontakt zu dem Menschen, den wir von Deutschland aus im Fernsehen verfolgt und bei der Rosenrevolution angefeuert hatten. Irgendwie war es das Selbstverständlichste auf der Welt. Auf der anderen Seite kam es uns vor wie ein irrer Traum.

Und da stehe ich also, in einem schwarzen Kleid. Vor laufenden Kameras und georgischen Streitkräften, angeleuchtet von den Scheinwerfern einer gewaltigen Flutlichtanlage. Hinter mir sitzen die Angehörigen der Kriegsopfer. Saakaschwili hält eine bewegende Rede, dann rafft er seine Zettel zusammen wie die Papiere auf seinem Schreibtisch. Die Nationalhymne erklingt. Plötzlich salutieren alle Soldaten und Soldatinnen vor mir.

Ich nehme meine Hand ans Herz, das nun wild pocht. Ich schließe die Augen. Ich beginne zu singen. In meinem Kopf läuft der Film zu dem Lied über das Land ab, das 2008 so viel durchmachen musste. Ich sehe weinende Menschen, rollende Panzer, verletzte Soldaten, ich sehe unsere Flucht durch das Feuer und beginne zu zittern.

Ich öffne die Augen und schaue in die Gesichter der vielen Soldaten vor mir. In ihren Augen liegen Schmerz, Hoffnung, Hingabe. Ich entdecke unseren Nachbarsjungen Nodari in der salutierenden Menge, er ist der Enkel von Bitschiko Babua. Oma schaut sicher auch zu, denke ich, und spüre einen leichten Windstoß im Gesicht. Nach vier Jahren wieder im Land zu sein, um etwas Hoffnung zu spenden, tut gut.

Ich höre den Beifall, habe aber nicht das Gefühl, dass er mir gebührt. Ein paar Leute rufen meinen Namen, trotzdem bleibt der Eindruck, hier wird nicht für einen Einzelnen geklatscht, nicht für eine Performance und nicht für ein Event. Hier wird einer besseren Zukunft applaudiert.

Ich habe noch nicht viel gesehen von der Militärbasis in Gori, wo die Veranstaltung stattfindet. Im Krieg war sie vollständig zerbombt, mithilfe des Westens hat man sie in kürzester Zeit neu und viel moderner aufgebaut. Man führt uns herum. Am Ende des Rundgangs kommen wir an einem großen Flüchtlingslager vorbei.

Tausende Menschen sind hier untergebracht. Internally Displaced Persons, kurz IDPs. Laut UNHCR, dem Flüchtlingswerk der Vereinten Nationen, leben seit mehr als 15 Jahren mehr als 220.000 registrierte Binnenvertriebene in Georgien, die vor den Konflikten in den beiden abtrünnigen Regionen Abchasien und Südossetien in den 1990er Jahren geflüchtet sind. Die zweite Vertreibungswelle überschwemmte Georgien im August 2008. Berichten zufolge liegt die Gesamtzahl der vertriebenen Personen bei 138.000.

»Diese Menschen haben alle Ähnliches durchgemacht wie du damals«, sagt der Präsident, »du musst sie kennenlernen.«

Er steuert auf eine kleine Erhöhung zu und stellt sich oben hin. Die Leute haben nicht auf uns geachtet, jetzt bekommen sie langsam mit, wer hier steht und versammeln sich um ihr Staatsoberhaupt. Wieder hält er eine bewegende Rede, er reißt mit, spricht, als wäre es die letzte Ansprache in seinem Leben. Ich beobachte die vielen hoffnungsvollen Gesichter um ihn herum.

Es herrscht eine ganz eigenartige Stimmung. Es ist, als umspanne uns eine unsichtbare Bande. Eine besondere Energie umgibt uns. Wir teilen dasselbe Schicksal, wir haben dieselben Träume, wir hoffen auf dieselbe Zukunft. Und es ist noch nicht zu spät dafür. Alles läuft ab wie in Zeitlupe. Ich spüre, wie meine Augen glasig werden, sie füllen sich mit Tränen aus einer Mischung von Freude und Melancholie. Ich atme tiefer.

Mein Name dringt zu mir durch. Saakaschwili reicht mir die Hand. Mischa. Ohne zu zögern, lasse ich mich aus der Menge auf die Bühne ziehen.

»Jetzt du«, flüstert er mir zu und grinst frech.

Er drückt mir sein Mikrofon in die Hand, geht von der Anhöhe hinunter zu dem Platz, auf dem ich vorher stand. Er stellt sich hin und verschränkt die Arme. »Na!«, sagt seine Körpersprache, »lass hören.«

Reglos und verlegen stehe ich alleine im Zentrum der Aufmerksamkeit. Alle schauen mich an, neugierig, was jetzt von mir kommen würde. Als ob ich an diesem Tag nicht schon genug Verrücktes erlebt hätte, soll ich jetzt also noch eine Rede halten. Die erste meines Lebens. Auf einmal ist es vollkommen still.

Die untergehende Sonne erleuchtet die endlos vielen roten Dächer der Flüchtlingshäuser. Die erwartungsvollen Blicke der Menschen, die spürbare Hoffnung. Immer noch ist dieses unsichtbare Band um uns herum. Ein unvergesslicher Augenblick, das weiß ich schon, bevor ich hier auch nur ein Wort gesagt habe. Mir wird klar, dass ich jetzt vor den Einwohnern dieser Flüchtlingseinrichtung alles geben muss. Ich beginne zu sprechen.

»Danke, Herr Präsident, dass ich heute die Möglichkeit habe, hier vor euch zu stehen. Mein Name ist Nini, ich bin seit mehr als zwanzig Jahren im Ausland, aber mein Herz war eigentlich nie richtig weg von hier. Seit vielen Jahren bin ich in Deutschland, eine Künstlerin, und alle Erfolge, die ich jemals damit hatte, sollten auch gleichzeitig eure sein. Ich habe versucht, von der Ferne für euch da zu sein. Vor vier Jahren bin ich selbst hier in diesem Gebiet mit meiner Familie dem Tod entkommen und sah die russischen Bomben fallen. Ich gab mir damals ein Versprechen, das Versprechen, alles in meiner Macht Stehende zu tun, um zu helfen und für dieses Land da zu sein. Dieses Versprechen möchte ich heute hier noch mal vor euch erneuern. Solange ich atme, werde ich für eure Gerechtigkeit kämpfen und eure Geschichte in die Welt hinaustragen. Ich liebe euch, von ganzem Herzen. Danke und macht es gut.«

PLÖTZLICH
AKTIVISTIN

WER, WENN NICHT WIR?

»Eine Melange, die Dame?«

Der Kellner, hier nennt man sie Ober, in dem alten Kaffeehaus in der Wiener Innenstadt hat die typische Sprachmelodie drauf, die ich hier so liebe. Charmant, aber auch ein bisschen ignorant. Das Hawelka ist eine Legende unter den alten Wiener Kaffeehäusern, ein Künstlercafé, in dem alles saß, was hier berühmt war und ist. Ich bestelle die Melange. Ein paar Monate war es ungefähr her, dass ich gelernt hatte, dass eine Melange der Cappuccino von Wien ist. Kaffee und heiße Milch zu gleichen Teilen und Milchschaum drauf, eine von locker vierzig Kaffeespezialitäten in Wien. Ein paar Monate lebte ich nun in der österreichischen Hauptstadt.

2013 begann ein völlig neues Leben für mich. Schauspielerei und ein Engagement für Europa sind zeitmäßig unvereinbar. Gleichzeitig geht das nicht. Ich musste eine Wahl treffen. Es war nicht leicht, Film und Bühne zu verlassen, aber für Europa war es das wert.

Ich ließ also mein Leben als junges Teenager-Idol hinter mir und ging zum Studium nach Wien, in die Stadt, in der auch meine Tante ihre Universitätszeit verbracht hatte. Um Zusammenhänge in der Politik klarer zu verstehen, entschied ich mich für Politikwissenschaft und Internationale Beziehungen.

Als signalisierte mir das Leben, was für eine gute Entscheidung das war, lief ich eines Tages Vincent-Immanuel Herr und Martin Speer über den Weg. Die beiden hatten sich ein Jahr davor zu dem Autoren- und Aktivisten-Duo Herr & Speer zusammengetan, und taten sich gerade mit ihrer Freeinterrail-Initiative hervor. Ihr Vorschlag für ein Mobilitätsprogramm, das jungen EU-Bürgern die kostenlose Nutzung von Interrail-Tickets ermöglichte, schaffte es sogar in die EU-Kommission. Der Historiker und Feminist Herr und der Wirtschaftswissenschaftler Martin Speer waren ein gutes Team.

Ich hatte Vincent in einer langweiligen deutschen Polit-Show über die Bundestagswahl als einzigen jungen Menschen erlebt, der die Runde ordentlich aufmischte und ihn gleich über die sozialen Medien kontaktiert. Allein dieser Auftritt inspirierte mich, selbst politisch aktiv zu werden. Jung und engagiert war ich, und Aufmischen war das, was nötig war.

Und jetzt treffe ich Herr & Speer hier im Hawelka. Die beiden sind in ihrer Interrail-Mission gerade quer durch Europa unterwegs und legen mit ihren Backpacks einen Stopp in Wien ein. Auch sie bestellen eine Melange, während wir unsere Erfahrungen austauschen. Schließlich lege ich einen dicken Ordner über Georgien auf den Tisch.

»Hier drin habt ihr alles darüber, wie viel sich dank der EU in den vergangenen Jahren in Georgien getan hat«, sage ich und tätschele den Wälzer liebevoll. Ich habe ihn in liebevoller Kleinarbeit zusammengestellt. »Vor einem Jahr war ich in Tiflis, und ich sage euch, es war nicht wiederzukennen. Man kommt sich vor wie in einer europäischen Hauptstadt.«

Ich krame einige Fotos aus dem Ordner heraus. »Rosenrevolution und heute«, sage ich und schiebe die Bilder über den Tisch.

Die beiden ziehen das Buch zu sich und blättern darin. Es sind Vorher-nachher-Fotos von Krankenhäusern, Schulen, Flughäfen und natürlich die Publik Service Halls. Die Dokumentation tut ihre Wirkung. Eine Zeit lang lasse ich sie schmökern.

Schließlich schaut Vincent auf. »Martin und ich waren jetzt schon in so vielen europäischen Ländern auf unserer Interrail-Reise unterwegs. Du kannst dir gar nicht vorstellen, wie unglaublich spannend es ist, wenn man feststellt, wie viel uns eigentlich alle miteinander verbindet.«

Er nimmt einen Schluck von der Melange, sein Gesichtsausdruck ist nachdenklicher.

»Aber weißt du, wirklich skurril ist, dass sich die Menschen in den Ländern, die nicht bei der EU sind wie zum Beispiel die Ukraine oder eben Georgien, mehr als Europäer und Europäerinnen fühlen als die Leute innerhalb der EU. Nimm zum Beispiel nur Italien.«

Was er sagt, schockiert mich, gleichzeitig ist es auch wieder sehr logisch. Wie sollten sich die Menschen in der Ukraine und in Georgien auch nicht zu Europa bekennen? Aufgrund ihrer Lage sind sie Europäerinnen und Europäer, und aufgrund ihrer Geschichte wissen sie die europäische Idee besonders zu schätzen.

Dagegen ist es einerseits erklärlich, andererseits besorgniserregend, wie wenig sich junge Menschen innerhalb der EU mit der Idee dieser Gemeinschaft identifizieren können.

Wie konnte es so weit kommen, frage ich mich. Wie kann man Europa als so selbstverständlich ansehen, dass man es gar nicht mehr wahrnimmt? In der Ukraine und Georgien geben die Leute ihr Leben dafür, Teil dieser Gemeinschaft zu sein. Das ist hier offenbar niemandem bewusst. Droht die europäische Idee irgendwann an dieser Selbstverständlichkeit zu zerbrechen?

Vincent sieht das anscheinend ähnlich. »Eigentlich«, sagt er, »wäre es gut, wenn jeder junge Mensch in der EU mal die Möglichkeit hätte, so eine Interrail-Reise zu machen wie wir.«

Martin nickt.

»Dann würden sie rauskommen und feststellen, wie viele Gemeinsamkeiten sie mit anderen jungen Menschen in anderen europäischen Ländern haben. Wir sind alle miteinander verbunden, nicht wahr? Was kann Vorurteile und irgendwelche Barrieren zwischen uns mehr ausräumen als der persönliche Kontakt?«

So groß hatte ich das noch gar nicht gesehen. Bisher habe ich mich so sehr auf die Beziehungen zwischen Georgien und der EU fokussiert, aber gar nicht so recht realisiert, dass auch die EU selbst mit so einigen Problemen zu kämpfen hatte. Mein Einsatz für Georgiens Weg in die europäische Gemeinschaft war wichtig, aber noch wichtiger schien auf einmal das Wort, das uns alle eint, uns zusammenhält, uns stark macht.

Gemeinschaft.

Die Gemeinschaft der Länder der EU war das eine, das andere war die Gemeinschaft der Menschen, die diese Länder ausmachen. Staaten und ihre Menschen. Da besteht ein gewaltiger Unterschied, der mir noch nie in den Sinn gekommen ist. Die Gemeinschaft der EU-Staaten hat nur Kraft und Zukunft, wenn sie von jedem Einzelnen der Bewohner dieser Staaten mitgetragen wird. Wenn die Menschen nicht das solide Fundament stellen, auf dem die Europäische Union aufbauen kann, wird das nichts.

Ich hatte die Gemeinschaft immer als gegeben betrachtet. Die EU existiert, also existiert auch die Gemeinschaft, die sie darstellt. Anders gesagt: Man hat sich entschlossen, zusammenzugehören, also gehörte man zusammen. Langsam ging mir auf, dass das nicht unbedingt dasselbe ist. Die Gemeinschaft der Länder ist Politik, die Gemeinschaft der Menschen ein Gefühl. So einfach war das plötzlich.

Aus drei Melangen im Hawelka wird eine Mélange-à-troi auf schreiberischer Ebene. Eine Autoren-Gemeinschaft. Dem Treffen in Wien folgt ein Schreib-Wochenende in Berlin. Unter dem Dach der Europaakademie kommen wie aus dem Nichts zwölf junge Menschen aus elf verschiedenen Ländern zusammen und beschließen, in drei Tagen ein gemeinsames Buch zu schreiben.

Es ist eine bunte Autoren-Gemeinschaft, die sich da bei einem Vorhaben findet, das eine gemeinsame Gesinnung zwischen zwei Buchdeckel bringt. Vincent und Martin haben sie alle irgendwo auf ihrer Interrail-Reise kennengelernt und kurzerhand nach Berlin eingeladen. Stylia kommt aus Griechenland, Thomas aus Frankreich,

Krzysztof ist Pole, Giulia stößt aus Italien dazu, Vincent und Martin sind Deutsche, aus Schweden schließt sich Phelan an, Zara vertritt Schottland, Zlatin ist aus der Slowakei, aus Österreich ist Katharina mit dabei, Liza stammt aus Belgien und ich aus Georgien.

Auf diese Menschen zu treffen, ist ein unglaubliches Gefühl. Noch nie zuvor habe ich so viel Internationalität in einem Raum und gleichzeitig eine so schnelle Verbundenheit mit Menschen aus Europa erlebt. Das ist es, denke ich. Das ist im Kleinen das, was wir im Großen erreichen müssen.

Das ist der Spirit, den eine große Idee braucht.

Ich sitze mitten in dieser Gruppe Gleichgesinnter, die alle in eine einzige Richtung denken. Jeder mit der Feder in der Hand wie eine Lanze für das Gemeinsame. Es ist ein pathetischer Satz, der mir da durch den Kopf flitzt, denn eigentlich beugen sich alle über ihre Laptops oder Blocks. Aber das Bild gefällt mir.

Noch mehr gefällt mir das Gefühl. Gestern kannten wir uns noch nicht, heute ist es, als wären wir eine große europäische Familie. Wir erzählen uns unsere persönlichen Geschichten, unsere Träume, wir erzählen von Erfolgen und vom Scheitern. Wir erzählen uns von dem Europa, das wir uns vorstellen, auf das wir hinarbeiten, dem wir entgegenschreiben.

Und dann machen wir aus all dem ein Buch. »Who, if not us?!« nennen wir es. Untertitel: »A four-step guide to empower Europe and our generation«.

Später gelang es uns, über Crowdfunding siebentausend Stück zu drucken. Wir verschenkten sie in Schulen, an NGOs, Vereine und Bibliotheken in unseren elf Ländern.

Ein Jahr später bereisten Vincent, Martin und ich gemeinsam Georgien. Wir präsentierten das Buch an staatlichen Universitäten und hinterließen ein signiertes Exemplar in der Saakashvili Presidential Library in Tiflis.

Der Anfang war gemacht.

DER AUFRUF

Es ist 7:30 Uhr, am 24. Juni 2016. Mein Handy vibriert. Ich rolle mich zu meinem Smartphone am kleinen Nachttisch hinüber und blinzele auf den Bildschirm.

Normalerweise würde ich jetzt die Mitteilungen überfliegen und dann das Display noch mal aufleuchten lassen, um den Bildschirmschoner mit den Europasternen und der Georgienfahne zu sehen. Das ist ein Muss für mich jeden Morgen. Das macht mich wach. Heute ist es eine Schlagzeile, die mich aufweckt.

+++EIL: Großbritannien entscheidet sich für EU-Austritt+++

Die kleinen gelben Sterne im Hintergrund verschwimmen, einer nach dem anderen. Mir wird kurz schwarz vor Augen. Das glaube ich nicht, denke ich, das kann nicht wahr sein. Das darf nicht wahr sein.

Immer wieder lasse ich die Nachricht neu aufleuchten. Jedes Mal hoffe ich, dass ich mich verlesen habe. Dass es ein Irrtum war. Dass sich jemand einen saublöden Scherz erlaubt hat. Aber es ändert sich nichts. Großbritannien ist nicht mehr Teil der EU.

Die schlimmsten Befürchtungen der jüngsten Zeit haben sich bewahrheitet. Noch gestern habe ich unter Freunden versichert, dass dieser Fall niemals eintreten wird. Geht nicht. Passiert nicht. Undenkbar. Nun ist es Tatsache, das Undenkbare.

Vielleicht wollte ich es einfach nicht wahrhaben. Oder vielleicht sind wir alle bloß über Nacht in ein Paralleluniversum gerutscht, in dem sich die EU nicht Richtung Zukunft, sondern langsam Richtung Vergangenheit bewegt. Zurück, nicht vorwärts.

Ich atme tief ein und aus und habe das dringende Bedürfnis nach einem dreifachen Facepalm am Morgen. Die Internet-Geste reicht mir nicht, ich vergrabe mein Gesicht tatsächlich in den Händen. Es hilft nicht. Es hilft alles nichts. Ich starre durch meine Finger hindurch die große weiße Decke an und versuche, die Briten und Britinnen zu verstehen, die uns gerade ein Riesenstück Hoffnung geraubt haben.

Mit jeder Minute, die ich darüber nachdenke, wird es absurder. Wie war das möglich? Wie konnten derart viele Menschen derart hinters Licht geführt werden? Wie stellen sich die Briten ihre Zukunft vor? In einer globalisierten Welt. Ohne die EU.

Und zuletzt die Frage, die sich anfühlt, als hätte sie Stacheln. Hätte ich irgendetwas dazu beitragen können, um diese Tragödie zu verhindern?

Ja, das fragte ich mich an diesem 24. Juni 2016 um 7:30 Uhr in der Früh. Und es war möglicherweise die wichtigste Frage meines Lebens.

Es ist in erster Linie Sache der britischen Bevölkerung, wie sie ihre eigene Zukunft gestalten wollen. Aber der Austritt aus der Union ist kein harmloses: Tschüs, meine Lieben, uns ist gerade eingefallen, wir müssen jetzt gehen, macht's gut. Nicht bös sein, aber euer Verein ist nichts mehr für uns. Vielleicht sehen wir uns ja wieder, irgendwie, irgendwann.

Der Austritt aus der Union betrifft nicht nur Großbritannien, er wirkt sich auf uns alle aus. Wir sind alle miteinander verflochten. Reißt man ein Loch in das Netz, hat es weniger Halt und kann weiter reißen.

Auch wenn das Ganze 1.400 Kilometer von Wien entfernt passiert ist, lässt mich das Gefühl nicht los, mitverantwortlich zu sein. Ob wir wollen oder nicht, wir sitzen im selben Boot. Wir stehen vor denselben globalen Herausforderungen. Und wir können sie nur gemeinsam meistern.

Jeder kleinste Beitrag hat eine Wirkung, davon bin ich überzeugt. Und was war mein kleinster Beitrag?

Das frage ich mich, während ich mir einen Earl Grey mache, tiefschwarz wie dieser Tag. Ich nehme nur einen kleinen Schluck. Dann schnappe ich mir meinen Rucksack und flitze zur Uni.

Die Flure im Neuen Institutsgebäude sind heute besonders leer. Ich bin mal wieder zu früh dran und lasse mich kurz auf eine Bank sacken. In den Kopfhörern läuft »Nothing else matters« von Metallica:

So close, no matter how far.
Couldn't be much more from the heart.
Forever trusting who we are
and nothing else matters ...

Vor zwei Jahren saß ich auch hier, auf derselben Bank, abends nach langen Uni-Tagen mit einem Facebook-Livestream vom Euromaidan, und ich weinte vor Wut. Diese Hilflosigkeit spüre ich jetzt wieder. Sie kriecht mir den Hals hinauf und schnürt mir die Kehle ein. Denkt eigentlich niemand mehr daran, was in der Ukraine stattfand? An die Menschen in Europa, die noch vor Kurzem ihr Leben für die europäischen Werte gaben? Sind sie nun umsonst gestorben?

Vor den Hörsälen versammeln sich kleinere Gruppen.

»Hast du schon gehört, was ...«

»Was sagst du zu ...«

»Die spinnen doch ...«

»Echt krass.«

Es gibt kein anderes Thema. Junge Menschen, die sonst von einem Hörsaal zum nächsten hetzen, bleiben stehen und reden mit über das »schiefgelaufene Referendum«. Das Thema schweißt zusammen. Spätestens jetzt ist es klar, Europa wird nie mehr so sein, wie es mal war. Und es ist in großer Gefahr.

Unsere europäische AutorInnen-Gruppe »The Young European Collective« war ebenfalls in Aufruhr. Wir beschlossen, uns im selben Jahr wieder in Berlin zu treffen. Noch vor den US-amerikanischen Präsidentschaftswahlen am 19. November 2016 und der Entscheidung zwischen Hillary Clinton und Donald Trump. Das war die nächste Herausforderung. Diesmal würden wir unseren Beitrag leisten.

Es war nicht ganz dieselbe Runde, die beim ersten Wochenende an unserem gemeinsamen Buch geschrieben hatte, aber genauso international: Aus Deutschland waren Annika Päutz, Vincent-Immanuel Herr, Martin Speer und Kevin Müller da. Antje Scharenberg war eine Deutsche, die in London lebte; Amy Baldauf vertrat Finnland und die USA. Außerdem dabei: Dániel Draskóczy, Ungarn;

Thomas Goujat-Gouttequillet, Frankreich; Stylia Kampani, Griechenland; Aileen McKay, Schottland; Katarina Milacic, Montenegro; Giulia Zeni, Italien und Nini Tsiklauri aus Georgien.

Elf Nationalitäten, eine Stoßrichtung.

Gemeinsam wollten wir einen Aufruf an unsere Generation verfassen. Nach dem Motto: Wann, wenn nicht jetzt, und wer, wenn nicht wir? Wir wollten junge Menschen zu mehr politischem Engagement motivieren. Mehr noch. Wir wollten ein europäisches Leuchtfeuer entfachen.

In einem zweiten intensiven Schreibwochenende in Berlin kämpften wir gegen die Machtlosigkeit und packten alle unsere Gedanken und Anliegen in einem Aufruf zusammen.

Elf Menschen, eine Botschaft.

Wir begannen mit den Worten: »Stellt euch vor, ihr wacht eines morgens auf, und die Welt ist eine andere.«

Wir diskutieren, formulieren und redigieren. Wir sind uns nicht immer über die Details einig, aber geeint in der Sache. Wir legen unser ganzes Herzblut zwischen die Zeilen. Wir sind nicht nur enttäuscht und entsetzt, wir sehen die Gespenster der Zukunft durchs Fenster unserer Schreibwerkstatt schauen. Der Anfang spiegelt die Stimmung in unserer Autorengemeinschaft gut wider.

»Rechte, Freiheiten und Sicherheiten, die selbstverständlich erschienen, gibt es nicht mehr. Plötzlich erscheint die Zukunft angsteinflößend und beengend. Doch das Schlimmste daran ist, ihr hättet nie gedacht, dass es einmal so weit kommen könnte. «

Am 24. Juni 2016 sind junge Menschen in Großbritannien mit eben solch erschütternden Nachrichten und Gefühlen aufgewacht. Das Land hatte sich mehrheitlich dafür ausgesprochen, die Europäische Union zu verlassen – und das, obwohl die meisten jungen Wähler gegen den Austritt stimmten.

Das ist unfair, aber dennoch Realität. Denn es sind die jungen Menschen, die langfristig mit den Konsequenzen der Wahlergebnisse leben müssen und gegen ihren Willen ihre europäische Staatsbürgerschaft verlieren werden, mitsamt aller dazugehörigen Privilegien. Es sind die jungen Menschen, die zusehen werden, wie bestens ausgebildete Fachkräfte in ihre Heimatländer zurückgeschickt werden, und der eigene Weg in eine gemeinsame europäische Zukunft verbaut wird.

Die Brexit-Entscheidung und ihre Folgen für die junge Generation sind ein Beispiel für weitreichende Veränderungen, die sich momentan in Europa zeigen. Nächstes Frühjahr könnten beispielsweise junge Menschen in Frankreich mit Marine Le Pen als neuer Präsidentin aufwachen, einer Frau, die Muslime als Sündenböcke für soziale Probleme nutzt und offen ihre Abneigungen gegenüber einem vereinten Europa zur Schau stellt. Nach der Bundestagswahl im nächsten Herbst könnten junge Menschen in einem Deutschland aufwachen, in dem die AfD (Alternative für Deutschland) eine rückwärtsgewandte Kultur- und Bildungspolitik vorantreibt und die soziale Errungenschaften der letzten Jahrzehnte einfach wieder auflöst. Und 2018 könnten junge Italiener aufwachen und feststellen, dass ein Komiker sich fortan mit Fug und Recht Premierminister nennt – kein Witz.

Wir haben unseren Ton gefunden. Weiter so, feuern wir uns gegenseitig an. Jetzt müssen wir sagen, wie sich das auf uns alle auswirkt. Schnell finden wir eine Überschrift: Welches Erwachen kommt als Nächstes?

»Unsere Lebensrealität steht auf dem Spiel. Als Generation beginnen wir zu erkennen, dass all das, was wir seit Langem als feste Gewissheiten betrachtet haben, von heute auf morgen weg sein kann – unsere Rechte, unsere Freiheiten, unsere europäische Einheit.

Das europäische Haus bröckelt und mit ihm seine Werte. Und wir, die Bewohner dieses Hauses, sind unmittelbar davon betroffen. Was gerade mit Europa passiert, ist nichts Abstraktes, es betrifft unser aller Leben. Doch wie gehen wir damit um?

Unsere Generation wird oft als apathisch, apolitisch und narzisstisch porträtiert. Ältere Generationen werfen uns vor, wir würden nicht genug für unsere Rechte und unsere Zukunft eintreten. Tatsächlich nehmen wir viele der Privilegien, die wir heute haben, als gegeben hin. Die meisten von uns sind in einer demokratischen Gesellschaft aufgewachsen. Die meisten von uns sind mit dem Verständnis aufgewachsen, dass Vielfalt und persönliche Freiheiten eine Selbstverständlichkeit sind. Die meisten von uns leben in einem offenen Europa mit dem Versprechen auf europäisches Reisen ohne Visum. Die Vorzüge von Demokratie, Freiheit, Stabilität und Internationalität stellen für viele von uns keine politischen Errungenschaften dar, für die wir zu kämpfen hatten, sie sind einfach da!«

Das ist gut, finden wir, die Stichworte fliegen durch den Raum. Aktiv werden. Einigkeit. Wie bekommen wir die Gegensätze unter einen Hut? Eine gespaltene Generation, ruft jemand. Gekauft, es ist die nächste Überschrift.

»Im Jahr 2016 wurde uns allerdings bewusst, dass all diese Privilegien gefährdet sind und drohen verloren zu gehen, wenn wir nicht anfangen, sie aktiv zu verteidigen. Doch warum ist Europas Jugend nicht auf der Straße, tritt massenweise in Parteien ein und kämpft um ihre Zukunft?

Die ernüchternde Tatsache ist, dass unsere Generation so wenig geeint ist wie der Kontinent dieser Tage selbst. Auf der einen Seite steht eine junge Generation, die von den Vorzügen eines geeinten Europas profitiert, reist, gut ausgebildet und chancenreich ist.

Auf der anderen Seite steht eine junge Generation, die von den Chancen und Möglichkeiten unserer Zeit ausgeschlossen ist. Unbefristete Arbeitsverträge sind für viele junge Europäer ein scheinbar unerreichbarer Luxus. Stattdessen geht es von einem unbezahlten Praktikum ins nächste, viele kämpfen mit prekären Arbeitsumständen und Wohnverhältnissen.

Wer sich täglich um seine Existenz sorgen muss, kann sich kaum um gesellschaftlichen Wandel kümmern. Viele derjenigen, die die Möglichkeit hätten, sich einzubringen, haben wiederum das Gefühl, dass ihre Stimme nicht zählt oder gehört wird. Wieder andere misstrauen den Parteien, fühlen sich politisch nicht vertreten und bleiben den Wahlen fern. All das führt dazu, dass die Stimme der Jungen im Ringen um die Zukunft unterrepräsentiert ist.

Daher müssen wir alle heute eines ganz klar erkennen: Wenn wir nicht aktiv werden, tun es andere – und ihre Entscheidungen sind höchstwahrscheinlich nicht immer in unserem besten Interesse.«

Jetzt Mut machen, heißt es. Wir müssen Beispiele nennen. Zeigen, was man erreichen kann, wenn man sich zusammenschließt. Und schon steht das überhaupt wichtigste Stichwort da: Gemeinsam mehr erreichen.

»Die schiere Zahl der Probleme droht uns zu überfordern. Die gute Nachricht aber ist, dass es Beispiele gibt, die zeigen, dass Probleme lösbar sind, wenn wir uns gemeinsam engagieren. Schauen wir nach Ungarn. Als die dortige Regierung im Jahr 2014 vorschlug, eine Steuer auf die Internetnutzung der Bevölkerung zu erheben, erhoben sich landesweit Hunderttausende empörter Bürger, ganz besonders die jungen. Dieser Protest veranlasste die Regierung schließlich dazu, die Pläne schnell wieder aufzugeben.

Im gleichen Jahr zeigten junge Schotten Einigkeit in einem bisher ungesehenen Ausmaß im Rahmen des damals anstehenden Unabhängigkeitsreferendums. Sie mobilisierten Massen von Wählern, indem sie von Tür zu Tür gingen, Demonstrationen abhielten und eigene digitale Medienkanäle etablierten. Seitdem ist das Land eines der politisiertesten Teile der EU.

Und in Frankreich, da blühte diesjährig eine starke Bewegung gegen angekündigte Arbeitsmarktreformen auf.

Junge Menschen, die in vielen Städten öffentliche Plätze besetzten und als Nuit Debout bekannt wurden, sprachen sich gegen den Status quo aus und arbeiteten an Alternativen. Obwohl die Regierung die Reform schließlich dennoch mithilfe einer Gesetzeslücke verabschiedete, hat sich die lokale politische Landschaft in Frankreich durch diese Bewegung merklich verändert.«

Gut so, meinen wir, jetzt sind wir so richtig in Fahrt. Wir müssen ganz genau auflisten, was jeder tun kann. Wir müssen konkreter werden. Gesagt, geschrieben: Schritt für Schritt die Zukunft erobern.

»Diese Beispiele zeigen, dass Veränderung möglich ist, wenn wir zusammen etwas anpacken. Gleichzeitig zeigen die Beispiele auch, wo wir noch nachlegen müssen. Denn bei den heutigen Herausforderungen reicht es nicht, wenn wir uns auf lokale oder nationale Aktionen beschränken.

Wir müssen über Grenzen hinweg arbeiten. Junge Menschen in ganz Europa müssen sich zusammenschließen und Barrieren überwinden, geografische, soziale, kulturelle und ökonomische. Nur eine geeinte Generation kann ein geeintes Europa in die Zukunft führen. Die Zeit für eine gemeinsame Bewegung ist gekommen. Die Zeit ist gekommen, unsere Zukunft in die Hand zu nehmen. Gemeinsam können wir viel erreichen. Doch wo anfangen?«

Genau, nicken wir. Und jetzt die Schritte im Einzelnen. Womit fangen wir an? Alle rufen durcheinander. Schließlich kommen wir auf acht Schritte, mit denen schon viel getan ist.

»Punkt eins. Wählen gehen. Ob auf lokaler, nationaler oder europäischer Ebene, es ist essenziell, dass wir wählen gehen. Zwar mögen unsere politischen Meinungen im Detail verschieden sein. Das Wichtigste aber ist, dass wir sicherstellen, dass die Stimme der jungen Generation von Politikern gehört und beachtet wird. Warum also nicht gleich die nächsten Termine im Smartphone markieren, um dann rechtzeitig zusammen mit Freunden einen Ausflug zur Wahlurne zu planen?

Punkt zwei. Den Mund aufmachen. Wir können es uns nicht leisten, zu schweigen, wenn jemand xenophobe, homophobe, sexistische oder rassistische Sprüche von sich gibt. Wir sollten so was unseren Freunden und Bekannten weder online noch offline durchgehen lassen, denn auch kleine Ausrutscher halten verletzende Stereotypen aufrecht und bauen Distanzen auf. Es erscheint unbequem, die Stimme zu erheben, doch unser Schweigen wird nichts verändern. Im Gegenteil. Lasst uns für eine offene Gesellschaft eintreten, in Städten, Wohnzimmern, am Arbeitsplatz und in den sozialen Medien.

Punkt drei. Einer Organisation beitreten. In ganz Europa sind junge Menschen in etablierten Machtstrukturen stark unterrepräsentiert. Wenn wir Europa verändern wollen, müssen wir uns diesen Organisationen anschließen und sie von innen heraus verändern. Warum sich also nicht einer Partei, NGO, Hilfsorganisation oder Gewerkschaft anschließen, um seine Standpunkte einzubringen? Am besten klappt das Ganze, wenn man gleich einen Freund oder eine Freundin mitbringt.

Punkt vier. Eine Bewegung unterstützen oder starten. Soziale und politische Bewegungen und Kampagnen können reale politische Veränderung bewirken. #FreeInterrail ist dafür ein gutes Beispiel. Alles fing damit an, dass zwei junge Männer aus Deutschland eine tolle Idee hatten, die nun von Tausenden in ganz Europa debattiert und unterstützt wird. Sich dieser oder anderen Kampagnen anzuschließen, kann unseren Kontinent nachhaltig prägen. Traut euch!

Punkt fünf. Sich mit der Meinung anderer auseinandersetzen. Unsere Generation ist stolz darauf, in Vielfalt zu leben. Aber tun wir das auch wirklich? Sind wir nicht viel zu oft auf der Flucht vor anderen Standpunkten und der Konfrontation mit der anderen Perspektive? Gebt euch einen Ruck und geht auf eine Tasse Kaffee mit Menschen, die völlig anders denken als ihr. Denn genau davon lebt unsere Demokratie: Debatten.

Punkt sechs. Lokal wirken. Man muss nicht an exotische Orte fahren, um positive Veränderung zu bewirken. Im direkten Umfeld von jedem von uns gibt es Menschen und Probleme, die dringend unsere Unterstützung benötigen. Selbst wenige Stunden vieler ehrenamtlicher Helfer können Europa schon transformieren. Die Veränderung beginnt immer im Kleinen. Bei euch vor der Haustür.

Punkt sieben. Transnationale Solidarität bekennen. Wenn wir wahrhaftig als Europäerinnen und Europäer leben möchten, sollten wir uns gegenseitig zeigen, dass wir füreinander da sind. Ob im Freundeskreis, in der Schule, beim Job oder auf Reisen. Lasst uns ernsthaftes

Interesse an unseren Altersgenossen in Europa zeigen. Wie wäre wohl das britische Referendum ausgegangen, hätten junge Menschen auf dem Festland vor der Abstimmung ihrer Solidarität mit der britischen Jugend bekundet? Und jetzt seid ihr dran. Was ist euer Schritt, um Europa voranzubringen und unsere Generation zu einen?

Punkt acht. Eure Ideen zählen! Füllt die Lücke aus, fotografiert sie und teilt das Ganze unter dem Hashtag #WhoIfNotUs. Stellt euch vor, welch ein Ruck durch Europa gehen würde, wenn wir alle, die jungen Menschen des Kontinents, diese acht Schritte in die Tat umsetzen. Die Zukunft ist offen. Es liegt jetzt an uns, sie zu gestalten. Wenn wir gemeinsam handeln, jetzt handeln, können wir das Europa erschaffen, in dem wir wirklich gerne aufwachen würden. «

Sonntagabend ist der Aufruf fertig.

So zufrieden wir mit unserer Botschaft waren, die da 2016 vor allem über soziale Medien an junge Leute in Europa hinausging, so enttäuscht waren wir vom Ergebnis. So sehr wir uns bemühten, unseren Appell zu verbreiten, erreichten wir doch nicht die, die erreicht werden sollten.

Wir machten uns nicht vor, dass wir die Stimmen der rechtspopulistischen und nationalistischen Akteure dämpfen könnten. Diese Möglichkeiten hatten wir gar nicht. Von unserem Standpunkt aus bestand die Gefahr, dass Europa auseinanderbricht, auch nicht nur aufgrund der rechten Wählerinnen und Wähler. Es war vor allem die apathische Haltung der Restwählerschaft, die wir aufbrechen wollten. Insbesondere die Nichtwähler und -wäh-

lerinnen wollten wir aufrütteln. Sie waren unsere Zielgruppe. Dort mussten wir ansetzen.

Die Aufgabenstellung hat sich bis heute nicht verändert. Voraussetzung für ein starkes Europa ist die Gemeinschaft derer, die sie ausmachen. Es sind nicht die Länder,
die das Netz für ein geeintes Europa darstellen, es sind die
Menschen. Wir. Wir alle.

Ihnen gilt unser Aufruf, der nichts an Gültigkeit verloren hat. Wir leben nach wie vor in einer Zeit, in der der
europäischen Zivilgesellschaft die Spaltung droht. Die
acht Schritte, die jeder von uns in ein zukunftsträchtiges
Europa gehen kann, sind mehr denn je gefragt.

DER PULS EUROPAS

Es ist ein blutleerer Februar, dieser zweite Monat des Jahres 2017. Ich schaue aus dem Fenster auf die trübe Häuserfront gegenüber. Ganz Wien ist tropfnass, die Zeitung, die ich gerade lese, voll von diesem lauwarmen Winter, dem zahnlosesten seit 250 Jahren meteorologischer Messgeschichte. Ich nehme einen Schluck Tee und blättere um.

Der gelbe Sternenkreis der blauen EU-Fahne leuchtet mir entgegen. Meine Stimmung hellt sich auf. Viele Menschen auf der Straße und fast ebenso viele Europa-Fahnen. Der Artikel berichtet von einer spontanen Demo. So spontan wird es nicht gewesen sein, denke ich, selbst für einen kleinen Aufmarsch braucht man eine Genehmigung. Ich nehme einen Schluck Tee und blättere weiter.

Und gleich wieder zurück. Vielleicht könnte genau das die Lösung sein. Vielleicht ist es genau das, wonach ich suche, gegen die Apathie, bei den Wahlen in der europäischen Gesellschaft seine Stimme abzugeben.

Der direkte Kontakt.

Wenn Worte einen elektrischen Schlag auslösen können, dann sind es für mich genau diese drei.

Der direkte Kontakt.

Die aktive Beteiligung der Zivilgesellschaft ist der einzige Weg, die europäische Idee noch zu retten. Und der direkte Kontakt ist der einzige Weg, Menschen zu erreichen, mit ihnen zu sprechen, sie zu überzeugen. Wenn das stimmt, dann müssen wir alle raus und ein sichtbares positives Zeichen für die Erhaltung der EU setzen.

Ich werfe einen Blick auf die tropfnasse Straße vor meinem Fenster. Egal. Es ist an der Zeit.

Das hier, denke ich, ist mein Arsch-vom-Sofa-Moment.

Es war ein wirklich kalter Wintertag Ende November 2016, als das Ehepaar Daniel und Sabine Röder in Frankfurt vom Sofa aufstanden und erstmals Menschen um sich riefen, um ein klares, sichtbares proeuropäisches Zeichen zu setzen.

Von dieser ersten kleinen Versammlung nur ein paar Wochen vor meinem Arsch-vom-Sofa-Moment hatte ich natürlich keine Ahnung gehabt. Ich kam auf Pulse of Europe über einen Twitte-User, der verwundert auf die Kundgebung mit Europa-Fahnen gestoßen war, sofort Fotos machte und sie unter dem Hashtag #Europa auf Twitter mit der Welt teilte. Ich war in der Sekunde begeistert.

Alles in allem war 2016 das bisher schwierigste Jahr für mich. Ich war 24 Jahre alt, zwanzig davon hatte ich im Ausland verbracht, um zu lernen. Das war der eigentliche Plan gewesen: eine europäische Ausbildung, nicht zuletzt für eine europäische Zukunft Georgiens.

Aber jetzt kam es mir vor, als brächte mir das alles nichts. Im Gegenteil, Europa wackelte, ein taumelnder Kontinent. Und ich konnte auch nicht zurück nach Georgien. Wenn es in der EU keine Hoffnung gab, gab es für mein Land schon gar keine. Wenn das hier nicht funktioniert, dachte ich, wie dann in Georgien. Trotz unserer Autoren-Gruppe und unserem Aufruf war ich mutlos.

In diese Stimmung hinein spürte ich den »Pulse Europas« tatsächlich wie einen neuen Pulsschlag. Wenn ich damals nicht gesehen hätte, dass es Menschen gibt, die so für die Idee einstehen, hätte ich aufgegeben. Und dann dieser Impuls, unser Anliegen auf die Straße zu bringen. Ich stand nicht allein da mit meinem Brennen für die Erhaltung der europäischen Idee.

Gleichzeitig war es auch ein Impuls für das sterbende Herz Europas. Diese emotionale Kundgebung, die da in Frankfurt den Anfang machte, traf den Nerv der Zeit. Immer mehr Menschen nahmen sich an den Händen und verbreiteten diesen europäischen Spirit, der nach den Jahren der Krisen jetzt auf einmal in der Luft lag. Europa wurde sichtbar und spürbar. Innerhalb kürzester Zeit entstand aus einem kleinen instinktiven Impuls eines Ehepaars eine große, transnationale, zivilgesellschaftliche Bewegung.

Pulse of Europe ist eine unabhängige Bürgerbewegung, unabhängig hinsichtlich Parteien, Institutionen, Organisationen, Konfessionen oder irgendwelchen anderen Interessensgruppen. Die Bewegung finanziert sich ausschließlich durch Spendengelder. Sie ist der Vielfalt und dem europäischen Gedanken verbunden, was daraus entsteht, soll an den Wahlurnen entschieden werden.

Aus zweihundert Menschen in den Anfängen wurden allein innerhalb dieses ersten Jahres 2017 fünfzigtausend. Europaweit und quer durch alle Bildungs- und Sozialschichten. Und diese fünfzigtausend Menschen gingen auf die Straße. Europaweit und gleichzeitig. An jedem Sonntag um 14 Uhr demonstrierten sie auf öffentlichen Plätzen überparteilich und überkonfessionell für den Zusammenhalt, den die Gemeinschaft braucht. Ganz Europa machte mit.

In Österreich: Windstille.

Das gibt's doch nicht, denke ich, als ich wieder einmal eine Anfrage vergeblich in den Äther posaunt habe. Gibt es hier einen einzigen Menschen, der bereit ist, sich anzuschließen und etwas für Europa zu tun, nicht einmal hier in Wien?

»Hättet ihr nicht Lust, einmal gemeinsam *FÜR* etwas und nicht *GEGEN* etwas auf die Straße zu gehen. Noch dazu *FÜR* etwas so Großartiges wie *EUROPA*?«, frage ich im Umfeld der Uni herum.

»Eher nicht.«

»Ist mir grad zu heikel.«

»Weiß nicht so recht.«

Die Antworten sind entweder weich und vage. Oder skeptisch und ängstlich.

»Darfst du als EU-Bürgerin sowas hier überhaupt anmelden?«

»Gehen hier nicht immer nur die Leute mit den SowjetFahnen auf die Straße?«

»Hab keine Lust, als einer von denen identifiziert zu werden.«

Ich war, kurz gesagt, entsetzt. Etwas später setzte ich einen Tweet ab: *Liebe Proeuropäerinnen und Proeuropäer in Wien, lasst uns Pulse of Europe nach Österreich bringen.*

130 Rückmeldungen. Naja bitte, denke ich, wenigstens etwas.

Am Sonntag bin ich wie angekündigt am Karlsplatz. Eine kleine Gruppe älterer Menschen ist vor der Kirche versammelt. Sie sind mit selbst gebasteltem Material und viel Idealismus gekommen. Jetzt schwenken sie ihre EU-Fähnchen und versuchen, Passanten anzusprechen. Manche davon bleiben auch wirklich stehen, nehmen sich eine kleine Europa-Fahne mit und gehen weiter.

»Keine Zeit, aber danke.«

Aus einer kleinen Lautsprecherbox im Hintergrund läuft »Imagine« von John Lennon.

Imagine there's no countries, it isn't hard to do.

Offenbar doch. Der Anblick der Wiener Pulse-of-Europe-Gruppe macht mich traurig. Wir sind nicht mehr als ein Grüppchen, und das hier ist die österreichische Hauptstadt, das Herz Europas, die Brücke zwischen West und Ost. In München demonstrieren gerade mehr als dreitausend Menschen mit ihren Europa-Fahnen.

Gleichzeitig bin ich aber heilfroh, überhaupt jemanden anzutreffen. Es wird schon, sage ich mir. Wir sind vielleicht zahlenmäßig schwach, aber das Zeichen, das wir für die europäische Solidarität und ein vereintes Europa setzen werden, wird stark sein. Wenn wir das richtig angehen, machen wir vielleicht sogar Menschen aus den östlichen Nachbarländern Lust, mitzumachen. Ich jedenfalls bin bis zum Bersten motiviert, endlich loszulegen.

Ich hole tief Luft und stelle mich meinem Trüppchen vor. »Hi, mein Name ist Nini, endlich treffen wir uns, das hier ist doch echt eine Wahnsinns-Fügung.«

Eine junge Österreicherin schaut mich perplex an. Ich kenne das, hin und wieder ist man fast erschlagen von meinem Enthusiasmus. Aber die junge Frau erholt sich schnell, streckt mir die Hand hin und drückt sie lange, wie für einen Pakt. Mein Gefühl ist nicht ganz falsch, wie sich herausstellen soll.

Eigentlich ist Solène Französin, Italienerin und Österreicherin, vor allem aber eine Europäerin erster Güte. Sie ist mit ihrem Vater Joseph hier. Sie und ich sind etwa im selben Alter und die jüngsten in der Gruppe, entsprechend fix gingen wir es an. Der Handschlag hat mich nicht getäuscht, wir zwei haben uns gefunden.

Und dann legten wir los. Wir stellten ein ehrenamtliches Team aus zwölf Menschen zusammen und investierten unsere gesamte Zeit in Pulse of Europe. Alles andere war jetzt zweitrangig, wir mussten die EU retten.

Der Plan dazu war europaweit derselbe, alle Pulse-of-Europe-Demos waren in einem transnationalen Rhythmus gleichgeschaltet und folgten einem bestimmten Ablauf. Jeden Sonntag um zwei Uhr nachmittags sollte es Demos in den beteiligten Städten geben, unsere fand am Karlsplatz statt.

Hier stehe ich also, denke ich an einem dunklen Spätwintertag 2017, vor der Karlskirche in Wien und schaue in eine Menge von vierhundert erwartungsvollen Menschen. Vierhundert, denke ich, und das bei diesen eisigen Temperaturen.

Regen liebe ich, was viele nicht verstehen. Hat etwas Reinigendes, man konzentriert sich aufs Wesentliche und bekommt einen klaren Kopf. Dieses Eiswetter spiegelt die Situation Europas wider. Zumindest fühlt es sich so an. Wie in einem DC-Film kurz bevor sich etwas Böses und Unheimliches am Himmel zusammenbraut und mal wieder die Freiheit oder die Existenz auf dem Spiel steht. Die Menschen im DC-Universum hoffen auf Superhelden, die die Situation in letzter Minute retten und können sich in ihrer Welt auch meistens auf sie verlassen. Wir hier in der realen Welt haben keine beschützenden DC-Superhelden, vor allem nicht für Europa, und die Zeit drängt. Also müssen wir das jetzt selber erledigen und welche werden. Auch wenn wir dafür alles geben müssen. Someone's got to do the job!

Ich binde mir ein Europa-Cape um und verteile welche fürs Team. Solène ist sofort mit dabei. Zwei starke und entschlossene Frauen mit einem Ziel: Die Menschen vor einem großen Fehler zu schützen und die europäische Idee zum Leben zu erwecken. Ich greife zum Mikrofon:

»Meine lieben Europäer und Europäerinnen ...«

Weiter komme ich gar nicht, die Menge unterbricht mich mit Applaus.

»Ich bedanke mich herzlich bei euch, dass ihr bei diesem Wetter hier erschienen seid. Ich habe, ehrlich gesagt, nicht damit gerechnet, dass so viele Leute dabei sein werden. Schon gar nicht habe ich damit gerechnet, dass das Wetter so schlimm wird.

Mein Name ist Nini, und ich bin hier, weil mir Europa am Herzen liegt ...«

Wieder Applaus.

»Ich selbst komme eigentlich aus Georgien, bin in Ungarn und Deutschland aufgewachsen und jetzt in Österreich verwurzelt. Als Ende Februar klar war, dass sich Pulse of Europe in Europa ausbreiten wird, war ich natürlich davon überzeugt, dass es auch nach Österreich, nach Wien kommen muss. Also habe ich einen Tweet abgesetzt und eine Woche später traf ich die beiden hier: Joseph und Solène ...«

Ich deute auf die zwei, auch sie bekommen Applaus.

»Wir stellten dieses Team zusammen, und ab heute gibt es hier offiziell jeden Sonntag um 14:00 Uhr eine Pulse-of-Europe-Demo.«

Es wird wieder gejubelt und applaudiert. Zwei Kinder tanzen mit Gummistiefeln und Europafähnchen im Regen. Irgendwas muss ich wohl richtig machen, denke ich mir.

»Wir haben auch ein offenes Mikrofon für euch, das heißt: Falls jemand von euch etwas zu Europa loswerden möchte, etwas das ihr schon immer loswerden wolltet, seid ihr alle herzlich eingeladen. Einer nach dem anderen, dafür sind wir da. Um zu hören, wie ihr euch euer Europa vorstellt, wovon ihr träumt, und wie wir das erreichen können.«

Halbherziger Applaus. Macht nichts, denke ich und schaue zu Solène hinüber. Ihr Blick sagt dasselbe wie meiner: Wir werden schon erfahren, wovon sie träumen.

»Zum Abschluss der Veranstaltung ist es heute unser Ziel, eine schöne große Menschenkette zu bilden, die wir fotografieren und es über Facebook, Twitter, überall im Internet verbreiten können. Damit die Welt sieht, dass wir hier in Wien auch etwas auf die Beine stellen können: eine Demonstration für #PulseofEurope! Und jetzt stellen wir euch allen die Grundidee dieser Bewegung vor.«

Solène hüpft neben mich. Ich reiche ihr ein paar meiner Karten, auf denen ich mir die zehn Punkte aufgeschrieben habe. Völlig sinnlos eigentlich, ich kann sie auswendig. Solène auch, trotzdem nimmt sie die Karten, es ist immer gut, sich an etwas anhalten zu können.

»Punkt eins!«, rufe ich. »Europa darf nicht scheitern.«

Und dann senden wir sie hinaus, unsere Botschaft. Abwechselnd, einmal Solène, einmal ich. Und auf einmal stellt es sich ein, dieses Gefühl, auf das ich mich so sicher verlassen kann.

Das ist mein Thema, das ist mein Anliegen, dafür schlägt mein Herz. Es ist, als würde ich sie hinausrufen und gleichzeitig zum ersten Mal hören, diese zehn Punkte, auf die Europa bauen kann.

»Wenn nicht alle, denen Europa wichtig ist oder die auch nur davon profitieren, aktiver werden und wählen gehen, droht die Europäische Union in Kürze zu zerfallen. Die kommenden Wahlen in den Niederlanden, Frankreich und Deutschland sind von existenzieller Bedeutung. Für Europa geht es jetzt um alles!«

Solène schaut in die Menge, bevor sie übernimmt.

»Punkt zwei. Der Frieden steht auf dem Spiel. Die Europäische Union war und ist in erster Linie ein Bündnis zur

Sicherung des Friedens. Wer in Frieden leben will, muss sich für Europa starkmachen.«

Ich wieder.

»Drittens: Wir sind verantwortlich. Jede und jeder ist für das Scheitern oder das Gelingen unserer Zukunft verantwortlich. Niemand kann sich herausreden. Zu hoffen, es werde schon alles gutgehen, ist brandgefährlich. Wer untätig ist, stärkt die anti-europäischen Kräfte. Europa braucht jetzt jeden Menschen. Alle Teile der Gesellschaft haben die Pflicht, destruktiven und rückwärtsgewandten Tendenzen entgegenzutreten. Europa darf sich nicht spalten lassen.«

Wir vergessen das Wetter. Unsere Worte hallen über den Platz. Wir sind im Kriegerinnen-Modus. Die Kälte kann uns nichts anhaben. Hier geht es um das, wofür wir brennen, da wird einem nicht kalt.

»Punkt vier. Aufstehen und wählen gehen. Lasst uns den europäischen Gedanken wieder sichtbar und hörbar machen. Gebt europafreundlichen Parteien eure Stimme. Wir sind überzeugt, dass die Zahl der Menschen, die der europäischen Idee positiv gegenüberstehen, viel größer ist als die der Europa-Gegner. Wir müssen aber lauter werden, um uns Gehör zu verschaffen und mit unseren Überzeugungen durchzudringen. Wir wollen die schweigende Mehrheit aufrütteln.«

Nummer fünf ist einer der wichtigsten Punkte überhaupt. Ich schleudere ihn wie eine Lanze über den Karlsplatz. »Grundrechte und Rechtsstaatlichkeit sind unantastbar!«

Ich danke meinen Schauspiellehrern, die meine Stimme geformt und meine Sprachsicherheit gefestigt haben. War Nini, die Sängerin, bloß Vorbereitung für das hier? Ich mache eine Pause, um meine Worte dann so richtig wirken zu lassen.

»Die Freiheit der Einzelnen ...«

Es funktioniert. Achthundert Arme fahren in die Luft. Zumindest kommt es mir so vor.

»Die Freiheit der Einzelnen, Gerechtigkeit und Rechtssicherheit sind weiterhin in ganz Europa zu gewährleisten. Auch in Zukunft muss in allen Lebensbereichen geltendes Recht verwirklicht werden. Unabhängige Gerichte müssen weiterhin ihre Kontrollaufgabe wahrnehmen können. Staatliches Handeln darf nur auf Grundlage rechtmäßig erlassener Gesetze erfolgen. In Teilen Europas wird bereits die Pressefreiheit eingeschränkt. Dem muss entgegengetreten werden.«

Solène nickt mir kurz zu. Mach weiter, heißt die Geste, du hast sie, leg nach.

»Punkt sechs. Die europäischen Grundfreiheiten sind nicht verhandelbar. Personenfreizügigkeit, freier Warenverkehr, freier Zahlungsverkehr und Dienstleistungsfreiheit – die europäischen Grundfreiheiten – sind historische Errungenschaften, die aus Nationalstaaten eine Gemeinschaft gemacht haben. Sie sichern individuelle Freiheit und Wohlstand. Eine Beschneidung der Grundfreiheiten würde dramatische wirtschaftliche und persönliche Folgen auslösen. Nur durch die Gesamtheit der Grundfreiheiten wird die ausgewogene Verknüpfung von Rechten und Pflichten sichergestellt. Sonderwege und Ausnahmen führen zu einer Erosion der Gemeinschaft.«

Jetzt wieder Solène.

»Wir sind bei Punkt sieben. Reformen sind notwendig. Europa muss erhalten werden, damit es verbessert werden kann. Die europäische Idee muss wieder verständlicher und bürgernäher werden. Sie muss von unten nach oben getragen werden. Europa soll wieder Freude bereiten. Wer austritt, kann nicht mitgestalten.«

Ich.

»Achtens. Misstrauen ernst nehmen. Die Europäische Union ist kein Selbstzweck. Ihre Aufgabe ist, Lösungen für die Themen zu finden, die für die Bürger tatsächlich wichtig sind. Es muss eine Fokussierung auf die wesentlichen Herausforderungen unserer Zeit stattfinden. Bedenken gegen die Europäische Union müssen gehört und an deren Ursachen muss gearbeitet werden, sodass Ängste in Zuversicht gewandelt werden können.«

Solène.

»Neun. Vielfalt und Gemeinsames. Die Vielfalt innerhalb Europas ist großartig. Sie zu erhalten und regionale und nationale Identitäten zu wahren, muss europäisches Programm sein. Gleichzeitig verbindet uns Europäer so viel. Vielfalt und Gemeinsamkeit sind kein Widerspruch, und niemand muss sich zwischen regionaler, nationaler und europäischer Identität entscheiden.«

Und jetzt das Finale.

»Letzter Punkt, Nummer zehn. Alle können mitmachen – und sollen es auch. Pulse of Europe ist eine zivilgesellschaftliche Initiative zum Erhalt Europas – überparteilich und überkonfessionell. Alle, die sich auf die europäische Grundidee einlassen, können sich einbringen. Der europäische Pulsschlag muss wieder spürbar werden.«

DAS OFFENE MIKRO

Die erste Pulse-of-Europe-Veranstaltung lief derart gut, dass sie es ins Fernsehen schaffte. Euronews kam zu uns auf den Karlsplatz. Ich gab ein Interview. Euronews wird in 13 Sprachen in 155 Ländern gesendet. Großartig, dachte ich, wieder ein Stück Welt erobert.

Jede noch so kleine Veröffentlichung nützt der Sache. Und Fernsehen ist Öffentlichkeit, es ist immer noch der große Bruder von Schwesterchen Social Media.

Der Beweis dafür kommt kurz nach der Ausstrahlung. Mein Vater ruft an. »Ich wollte nur mal kurz fragen, wie es dir so geht in Wien?«, sagt er.

»Alles gut hier«, sage ich, »hatte heute viel zu tun und selbst?«

»Naja«, sagt er, »ich dachte, ich schau mal, was in der Welt so los ist und zappe durch die Kanäle, und dann sehe ich einen Menschenauflauf und eine junge Frau in Blau und Gelb. Die kenne ich doch, denke ich mir, und schaue genauer. Tatsächlich, es ist eine gewisse Nini Tsiklauri mit einer umgehängten Europafahne live im Fernsehen. Was machst du denn wieder für Sachen? Hast du ein neues Projekt am Laufen?«

Von diesem Sonntag an hatten wir nicht nur ein Projekt am Laufen, wir hatten einen Fulltime-Job.

Unter der Woche traf sich unser Zwölfer-Team zum Brainstormen und Organisieren. Wir mussten eine Arbeitsstruktur festlegen. Wir mussten den Tagesplan ausarbeiten und die Veranstaltung anmelden. Wir mussten

To-do-Listen schreiben. Wir mussten das Material bestellen, aus dem wir unsere EU-Fahnen, unsere Outfits, unsere Transparente und alles, was uns sonst noch als Giveaways einfiel, bastelten. Wir mussten Bettlaken bemalen. Wir mussten die Technik für die offenen Mikrofone und den Hintergrundsound checken und Playlists erstellen, die nach Europa klangen. Wir mussten uns Quizfragen einfallen lassen. Wir mussten uns um die Medienarbeiter kümmern, Journalisten interessieren und über Social Media kommunizieren. Und vor allem mussten wir möglichst viele Leute zusammenzutrommeln.

Wir mussten, wir mussten, wir mussten, und dann mussten wir noch versuchen, ein bisschen Schlaf zu bekommen.

An den Sonntagen begann der Tag besonders früh. Wir mussten unsere Ausrüstung aus dem Lager holen, sie auf den Platz schleppen, unseren Stand aufbauen und die Technik einsatzbereit machen. Wir mussten Menschen ansprechen und sie zum Reden ermuntern. Wir mussten ihnen die Scheu vor dem offenen Mikrofon nehmen, mitfotografieren und mitfilmen. Wir mussten das Equipment abbauen und zurück ins Lager schleppen.

Und dann mussten wir versuchen, ein bisschen Schlaf zu bekommen, bevor wir wieder mit dem Brainstormen und Organisieren anfingen.

Die Arbeit brachte uns an unsere Grenzen, aber das hielt niemanden ab. Einige nahmen sich Urlaub, ein paar gaben ihre Jobs vorübergehend sogar ganz auf, andere pausierten mit ihrem Studium. Eltern nahmen ihre Kinder entweder mit oder brachten sie bei Verwandten oder Freunden unter. Mitunter sahen sie sie ein, zwei Wochen nicht. Wir schmissen uns wirklich ins Zeug.

Ich war überwältigt von dem Einsatz unseres glorreichen Dutzends. Wann immer ich fragte, was sie dermaßen bei der Stange der EU-Fahne hielt, bekam ich dieselbe Antwort: »Ich habe Angst, dass der Tag kommt, an dem meine Enkelkinder mich fragen, wie es denn damals so war, als es die EU noch gab. Ich möchte ihnen dann sagen können, dass ich im entscheidenden Moment der Geschichte nicht einfach nur dabei zugeschaut habe, wie alles zerbricht, sondern alles gegeben habe, um die EU zu retten.«

Das war unser Motto, das war unser Kampfgeist.

Unsere kleine Gruppe wuchs zu einem bunten Haufen entschlossener Europäer aus drei verschiedenen Generationen. Und wir wurden belohnt. Von Sonntag zu Sonntag kamen mehr Menschen.

Das Wetter war auch weiterhin nicht auf unserer Seite, aber es war uns egal. Den Menschen, die kamen, um uns zuzuhören, offenbar auch. Der Zulauf war erstaunlich und stabil, um die vierhundert Menschen jeden Sonntag. Nicht immer alle zur selben Zeit, es war ein stetes Kommen und Gehen. Mir war das natürlich trotzdem immer zu wenig, aber wenn ich jemandem von unseren Demos erzählte, machten alle große Augen. Im Grunde war ich ziemlich stolz auf uns.

Selbst im größten Stress versuchte ich bei den Veranstaltungen, ein, zwei Minuten ganz für mich abzuzweigen.

Dann stellte ich mich etwas abseits hin und blickte über die Menge. Ich sog das Bild ein, sogar heute kann ich es jederzeit aufrufen. Die vielen Menschen, die blau-gelben Fahnen, teils als Cape um die Schultern gelegt, teils über den Köpfen flatternd, die wunderschöne weiße Karlskirche mit ihren charakteristischen Säulen und über allem die kupfergrüne Kuppel. Wie eine Haube über uns.

In diesen gestohlenen Minuten trat ich aus dem Weiter-schneller-mehr-Modus, der meine Tage beherrschte, heraus und gönnte mir ein paar Augenblicke Zufriedenheit. Dann sah ich, was wir schon erreicht hatten. Es war einfach überwältigend, diese Menge von Menschen unter freiem Himmel. Es war unglaublich zuzuhören, was über das offene Mikrofon über den Platz hallte, und die verschiedenen Gedanken, Erlebnisse und Emotionen für Europa miteinander zu teilen. Die Menschen waren so verschieden, aus allen Schichten, allen Berufen.

Vor allem faszinierte mich, dass alle Altersklassen vertreten waren. Hier waren drei Generationen anwesend, und jede davon hatte unterschiedliche Erfahrungen mit Europa gemacht. Und doch wollten sie hier und jetzt auf dasselbe hinaus: »Wir müssen um Europa kämpfen.« Das war der Satz, der alle einte.

Ich verlasse meinen heimlichen Beobachtungsposten und mache mich wieder ans Werk. Solène ist schon mittendrin.

»... dass ihr alle heute gekommen seid! Braaav!«

Sie schickt ein herzhaftes Uh-uh-uh! nach, die Leute antworten mit Johlen und Klatschen.

Es ist ein luftigeres Arbeiten jetzt im Frühling. Auch das Wetter möchte uns offenbar unterstützen und scheint für Europa. Ich schnappe mir mein Mikro, um den nächsten Programmpunkt anzusagen: »Wir starten jetzt mit dem offenen Mikro!«

Europablaue Luftballons steigen auf. Die Pulse-of-Europe-Transparente knattern im Wind, ich drehe die Musik etwas leiser. Das Mikro geht von Hand zu Hand.

Eine Frau mit Sonnenbrille ist dran.

»Ich werde immer gefragt, ob ich mich als Deutsche oder Österreicherin fühle. Meine Antwort ist immer: Ich bin Europäerin.«

Ein junger Mann mit Europafahne um die Schultern will etwas loswerden.

»Ich bin unglaublich froh, dass ich aufwachsen konnte in einem freien und offenen Europa, wo ich von heute auf morgen entscheiden kann, ich fahre nach Ungarn oder nach München, und es gibt keine Grenzen, die mich aufhalten.«

Ein älterer Herr bitte ums Mikrofon.

»Ich will nicht, dass meine Enkel in den Krieg ziehen müssen.« Er spricht leise, erntet aber umso lauteren Beifall.

Ein Student, vielleicht sogar noch Schüler, hat etwas vorbereitet.

»Die Differenzen zwischen den Nationen sind nicht das Problem, es ist die Quelle der Kraft ...« Er schaut auf seinen Zettel und lässt das Mikro ein bisschen sinken. Jemand nimmt ihn am Ellbogen und hebt seinen Arm et-

was, um das Mikro wieder in Mundhöhe zu bringen. »...
ist die Quelle der Kraft für den Fortschritt.« Er schaut auf,
dann setzt er den Leitspruch des Europamottos nach: »In
varietate concordia. In Vielfalt vereint.«

Der Mann, der nach ihm das Mikro nimmt, ist eher der
spontane Typ. »Ich bin jetzt nicht so der Redenschwin-
ger«, setzt er an.

Er sieht aus wie gestandenes Mannsbild, wie man das
in Wien nennt. Aber seine Stimme ist fast sanft, und auch
sonst scheint er recht romantisch zu sein.

»Meine Partnerin Claire und ich, wir sind jetzt seit zwei
Jahren zusammen. Ich kann es mir überhaupt nicht vorstellen, was wäre, wenn Frankreich jetzt aus der EU aus-
treten würde.«

Er schaut sich suchend um, dann geht er zu einer jungen Frau mit Schirmkappe und küsst sie.

Begeistertes Gejohle.

Das Mikro macht weiter die Runde. Manche lesen ihre
Statements ab, manche haben eine Sekunde vorher noch
keine Ahnung, dass sie sich zu Wort melden werden.

Es gibt Aufrufe.

»Lassen wir uns dieses Europa nicht kaputt machen
durch jene Menschen, die egoistisch, nationalistisch und
engstirnig denken.«

Es gibt Hoffnung.

»Wir sind überzeugt, dass die Zahl der Menschen, die
der europäischen Idee positiv gegenüberstehen, viel größer ist, als die der Europa-Gegner. Wir müssen aber lauter
werden, um uns Gehör zu verschaffen und mit unseren

Überzeugungen durchzudringen. Wir wollen die schweigende Mehrheit aufrütteln.«

Es gibt kritischere Stimmen.

»Wenn man Europa liebt, muss man es auch kritisieren, damit es sich weiterentwickeln kann.«

»Europa ist keine Blumenwiese. Es gibt viel zu reformieren und viel zu tun.«

»Was uns besonders fehlt derzeit, ist wirklich die Bereitschaft zur Solidarität.«

Es gibt Konkretes.

»Ich bin ein absoluter Befürworter des Direktparlaments.«

Es gibt Grundsätzliches.

»Europa braucht jetzt jeden Menschen. Alle Teile der Gesellschaft haben die Pflicht, destruktiven und rückwärtsgewandten Tendenzen entgegenzutreten. Europa darf sich nicht spalten lassen.«

Es gibt Liebeserklärungen.

»Für mich ist Europa meine Heimat, es ist so ein grenzgenialer Kontinent.«

Es gibt Nachahmer.

»Ich komme aus Linz, und dort gründen wir jetzt auch eine Gruppe Pulse of Europe.«

Und es gibt absolute Highlights.

Wie den Jungen mit der Sonnenbrille und den blonden Haaren, der mit einer beachtlichen EU-Fahne auftritt. Er trägt sie mit der Stange über der Schulter und mit einer Ernsthaftigkeit, als würde er bei den Olympischen Spiele die Athletenstaffel seines Landes in die Arena führen.

»Ich bin und bleibe Staatsbürger der Europäischen Union und werde mich immer als solcher fühlen.«

Das nenne ich Rednertalent, denke ich. Ein Satz, aber in den packt er seine Stimme und seine ganze Überzeugung.

Wir verteilen EU-Wimpel an die Kinder und EU-Fahnen an die Erwachsenen. Wer gerade Luft hat, bläst Luftballons auf. Wir fotografieren, filmen, interviewen. Ein Hund läuft auf mich zu und leckt meine Hand ab. In seinem Halsband steckt eine kleine EU-Fahne.

Ein weißhaariger älterer Herr nimmt mir das Mikro ab. Er stellt sich an den Rand des Teiches vor der Kirche und spricht uns allen aus dem Herzen.

»Ich bin so froh, dass so viele Junge da sind. Für Europa.«

Wir machen Polaroids und stellen unsere EU-Pässe aus. Sie werden gern angenommen, der Stapel schrumpft stetig. Wir animieren die Menschen dazu, unsere Fragebögen auszufüllen und in unsere Sammelboxen zu werfen, die an die Wahlurnen erinnern. Ein psychologischer Kunstgriff, um daran zu erinnern, wie wichtig es ist, wählen zu gehen. Um Menschen zu mobilisieren, ihre Stimmen bei den Europawahlen abzugeben, ist jedes Mittel recht.

Wir mischen uns unter die Leute, machen Selfies und versuchen, sie miteinander ins Gespräch zu bringen. Das ist unsere einzige wirkliche Schwachstelle. Entweder es wird wild gestritten oder einander nur recht gegeben. Heute liegen wir irgendwo dazwischen.

Dafür schütten mir wieder viele ihr Herz aus. Wildfremde Menschen kommen jeden Sonntag auf mich zu und erzählen mir ihre Lebensgeschichte. Ich höre gern zu, Lebensgeschichten interessieren mich. Vermutlich ist das der Trick. Trotzdem ist es irgendwie schräg. Ich spiele hier nicht nur die Rolle der Organisatorin und Moderatorin, ich bin auch eine Art Therapeutin geworden. Das offene Ohr Europas, könnte man sagen.

Und dann ist es Zeit für die Menschenkette um den Teich herum. Es ist ein großer Teich, es braucht viele Menschen, um ihn zu umrunden, aber meistens gelingt es. Heute auch. Wir laufen die Reihe ab, eine bunte Menschenmauer, gesprenkelt von viel Blau und Gelb.

Irgendwer dreht die Anlage lauter. Das Schlusslied. Freude, schöner Götterfunken. Beethoven. Der letzte Satz aus der Neunten. Die Ode an die Freude. Tochter aus Elysium. Egal, wie unterschiedlich die politischen Ansichten sind, jetzt stehen alle ums Wasser herum, singen Hand in Hand die Europa-Hymne. Die meisten können auch den Text.

Für mich ist das immer der schönste Moment an unseren Demos. Die Melodie meines Herzenswunsches, ja, so möchte ich es sagen, auch wenn das unglaublich kitschig ist.

Drei Jahre lang standen wir mit dem offenen Mikro am Karlsplatz, sonntags, bei jedem Wetter. Wochenenden kannten wir nur noch vom Hörensagen, und die Tage dazwischen waren zu kurz für die enormen Vorbereitungen und die Kommunikationsarbeit. Irgendwann wurde es jedem von uns zu viel. Ein paar stiegen aus, und selbst ich gab den Vorsitz zumindest zum Teil ab, einerseits, bevor ich ins Burn-out schlitterte.

2017 war dann das Schicksalsjahr, in dem alles auseinanderzubrechen drohte. Die Leute waren an ihre absoluten Grenzen gekommen.

Und 2019 zog ich mich kurzfristig ganz zurück und war nur noch mit Tipps und Ratschlägen zur Hand. Das war nötig, weil die Bewegung ja überparteilich war, und mich viele Menschen vor Ort bei den Demos und schließlich auch viele NEOS-Anhänger gefragt hatten, ob ich sie nicht gerne im EU-Parlament vertreten würde, weil sie sonst nicht wissen, wen sie von den gängigen nationalen Parteisoldaten wählen sollten. Ich folgte dem Ruf und schaffte es als junge Quereinsteigerin gleich auf Platz fünf der Parteiliste zur Europawahl. Ein unglaubliches Ergebnis. Ich war überrascht, dass so viele Menschen hinter mir standen, obwohl andere jahrelang darum kämpften. Bei der EU-Wahl selbst hat es aber natürlich nicht ausgereicht, um mit so einer kleinen, progressiven Partei wie NEOS ins EU-Parlament einzuziehen.

Und letztlich bremste uns Corona. Die Bürgerbewegung, die in 22 Ländern und mehr als 180 Städten jeden Sonntag um 14:00 Uhr die Flaggen ausrollte, musste sich neue Wege suchen. Die Zeit, sich öffentlich in diesem Ausmaß zu versammeln, war vorüber. Wer sich über die EU auskotzen oder seine Leidenschaft für die Gemeinschaft versprühen will, muss das nun von daheim aus machen. Geht auch, wir werden noch dazu kommen.

Aber den Bonus, den man sich am Hydepark Karlsplatz zusätzlich holen konnte, und der die Demos so einzigartig machte, bekam man dann nicht mehr so leicht. Das offene Mikro war nämlich auch eine Art Therapie. Was immer man in der Familie, im Freundeskreis nicht sagen konnte oder wollte, war hier unter freiem Himmel möglich. Was immer Familie und Freunde nicht mehr hören konnten oder wollten, fand hier offene Ohren. Und nicht nur meine.

Mal ging es um den Ruf nach einer EU-Armee, mal um persönliche Erlebnisse im Kosovokrieg. Mal um die Sehnsucht nach Abschaffung der Nationalstaaten, mal um Rassismus, den man am eigenen Leib erlebt hat. So etwas mit einem Mikrofon vor dem Mund auszusprechen, hat die Menschen oft sehr bewegt. Hier hatten sie Zuhörer, hier bekamen sie Verständnis. Viele haben sich nachher extra dafür bei mir bedankt. Das alles ist viel wert für unsere Bewegung, die überparteilich für eine Sache eintritt. Auch das gehörte dazu.

Ich war so in die Arbeit vertieft und so versunken in dem Pensum, das wir Tag für Tag zu erledigen hatten, dass ich über den nächsten anstehenden Sonntag kaum hinausdachte. Bis plötzlich Einladungen hereinflatterten. Panels. Polit-Shows. TV-Diskussionen.

Ich saß Sonntagabend mit FPÖ-Chef Norbert Hofer in der Maske vom ORF und wurde für eine Publikumsstatement in der Sendung *Im Zentrum* zurechtgemacht. Später trank ich backstage Tee mit dem britischen Botschafter und philosophierte mit dem Schriftsteller Robert Menasse.

Ich kann nicht genau sagen, ob ich mich in Gesellschaft dieser Politiker, Fachleute und Denker wohlfühlte. Allesamt hatten sie zu dieser Zeit mehr Erfahrung als ich, in Detailfragen ebenso wie die großen Zusammenhänge. Jedenfalls taten die Herrschaften so in meiner Gegenwart. Ich konnte allerdings auch nicht ablehnen, denn irgendwer musste diese Chancen, gehört zu werden, wahrnehmen. Wenn ich es nicht machte, machte es niemand.

Schließlich schloss ich Frieden mit dieser neuen Rolle. Ich fand einen Zugang, mit dem ich leben konnte. Ich machte mir bewusst, dass man mich nicht unbedingt als Nini Tsiklauri, die Pulse-of-Europe-Aktivistin, zu Wort bat. Vielmehr war ich das Gesicht einer Überzeugung. Die Vertreterin eines Gefühls.

Mein Text stand nicht länger in einem Drehbuch. Ich sprach nun frei und sagte genau das, was mir mein Herz diktierte. Ich war zur Stimme der Zivilgesellschaft geworden.

EINE REDE IN LONDON

Ich stehe an der Charing-Cross-Station in London. Es ist Winter, was hier auf der Insel nicht viel heißt. Aber heute ist der Wind eisig, es fühlt sich an, als würde er mir bis an die Knochen wehen. Gleichzeitig scheint die Sonne, was hier auf der Insel wiederum sehr viel heißt. Die Fußgänger kümmern sich weder um das eine noch um das andere. Sie scheinen generell nicht bei bester Laune zu sein. Interessant, denke ich, hätte nicht geglaubt, dass ich das jemals sagen würde, aber der legendäre Wiener Grant ist ein Traum dagegen.

Ich bin auf dem Weg ins Chatham House, der englischen Denkfabrik. Auf dem Trafalgar Square vor der National Gallery bleibe ich stehen. Die einheimischen Passanten hetzen mit eingezogenem Kopf über den Platz, alle Touristen bewundern die klassische Fassade mit den berühmten Säulen. Nur ich stehe mit dem Rücken zum Museum und bewundere die leere Fläche davor. Perfekt, denke ich. Der ideale Platz für eine schöne proeuropäische Kundgebung.

Ein paar Künstlergruppen um mich herum sind mit ihren Darbietungen beschäftigt. Junge Leute sitzen auf den Stufen und halten das Gesicht in die Sonne. Wie kommt es, frage ich mich, dass es hier bisher keine Pulse-of-Europe-Sonntagsdemos gab. Wer weiß, wie die Abstimmung über den Brexit voriges Jahr ausgegangen wäre, wenn dort die eine oder andere Kundgebung stattgefunden hätte. Ein offenes Mikrofon hätte doch so einiges im Wahlverhalten der Menschen bewirken können. So knapp, wie das Referendum ausgegangen ist, wäre Großbritannien vielleicht heute noch Mitglied der EU.

Ich umrunde den Platz und male mir das Szenario aus. Ich sehe es vor mir, wie sich europafreundliche Briten mit Union Jacks und EU-Fahnen vor der National Gallery versammeln. Ich sehe es nicht nur vor mir, ich bin quasi mittendrin. Ich höre, was sie ins offene Mikro sagen, wie sie um den Verbleib in Europa kämpfen, wie sie streiten und ihn erklären, schimpfen und überzeugen. Ich fühle, wie sie sich über die Solidaritätsbekundungen aus den anderen europäischen Städten freuen und sich dadurch neuen Mut machen lassen. Und schließlich klingt mir im Ohr, was die Band Oasis live vor Ort spielen würde:

I don't believe that anybody feels the way I do, about EU now.

Töne, die nicht zu dem Song gehören, mischen sich in meinen schönen Traum. Aus einem kleinen Lautsprecher weht der Wind den Oasis-Song »Wonderwall« von einer Gruppe trinkender Teenager herüber. Die Beats der beiden Nummern beißen sich, die Realität gewinnt. Ich bin wieder in dem London, das bald keine Hauptstadt der europäischen Gemeinschaft mehr sein wird.

Aber noch gehörten die Briten dazu in diesem Winter 2017, das Drama um den tatsächlichen Austritt Großbritanniens aus der Union und dessen ewigen Verschiebungen war noch voll im Gange. Der Grund, warum wir uns in diesen Tagen hier in London versammelten, war eine Präsentation. Es sollte die jüngste Studie von

Chatham House vorgestellt werden. Es ging um die Zusammensetzung der europäischen Gruppierungen, der *Tribes of Europe*, um die Unterschiede und Gemeinsamkeiten quer über den Kontinent und die Vorstellungen von Eliten und der übrigen Bevölkerung über die Zukunft Europas.

Zehntausend Europäer in zehn europäischen Ländern waren auf ihre politischen und sozialen Ansichten abgeklopft worden. Das politische Spektrum Europas war derart komplex geworden, dass die Kategorien pro oder kontra EU längst nicht mehr ausreichend waren, um abschätzen zu können, wie es um Befürworter und Gegner der europäischen Idee stand. Da gab es mittlerweile Etliches dazwischen. Insgesamt konnten sechs sogenannte Tribes ausgemacht werden. Heute wollte man bekannt geben, in welchem Verhältnis diese Gruppierungen zueinanderstanden. Und ich sollte einer der Redner sein, die über die Arbeit der Aktivisten referierten.

Die Joseph Gaggero Hall ist bereits voll besetzt, die Sitzreihen sind fast lückenlos gefüllt. Ich lasse den Blick schweifen, er bleibt nur an wenigen freien Stühlen und noch weniger Frauen hängen. Die Bildungselite, die sich hier für die Ergebnisse der Studie interessierte, ist überwiegend männlich. Vor diesem Publikum soll ich also sprechen. Ich bin bloß eine von vielen, aber das macht mir das mulmige Gefühl angesichts dieser vielen Herren mit ernsten Mienen nicht behaglicher.

Ich werde in den Backstage-Bereich gelotst. Eine der Podiumsteilnehmerinnen ist redselig und plappert drauflos, als würden wir uns lange kennen. Ob denn die Bekanntgabe der Verlobung von Harry und Meghan in Österreich auch so ein großes Thema sei wie hier, möchte sie wissen. Ich habe keine Antwort parat und bin froh, dass wir durch die Gänge des ehemaligen Royal Institute of International Affairs zum Podiumssaal geführt werden.

Mit zum Programm gehörte ein interaktives Online-Tool, mit dem man feststellen konnte, welchem Tribe man angehört. Auch wir Aktivisten konnten uns selbst testen. Es überraschte mich nicht, wo mich das Prüfsystem einordnete.

Das Ranking der Gruppierungen nach Raines, Goodwin und Cutts, den Autoren der Studie, wies folgende Verteilung auf: Die Zufriedenen, Contented Europeans, machten 23 Prozent aller Befragten aus. Die Verweigerer, EU-Rejecters, stellten 14 Prozent. Die frustrierten Befürworter, Frustrated Pro-Europeans, kamen auf neun Prozent. Die Föderalisten, Federalists, lagen mit acht Prozent knapp dahinter. Und die Unentschlossenen, Hesitants, waren mit 36 Prozent die größte Gruppe.

Diese Zauderer waren im Grunde zwar positiv gegenüber der EU eingestellt, aber politisch apathisch. Bei uns kennt man sie als die schweigende Mehrheit. Sie waren es, die aufgerüttelt werden mussten. Sie waren unsere Zielgruppe.

Die Veranstaltung plätschert dahin. Noch habe ich Zeit bis zu meinem Auftritt. Wir sitzen ziemlich steif in unseren wichtigen Sesseln nebeneinander aufgereiht auf dem

Podium. Ich lasse meinen Blick wieder über die Reihen wandern. Bei genauerem Hinsehen sind die Mienen im Auditorium nicht nur ernst. Ich sehe Skepsis, Anspannung und auch Langeweile.

Und dann bin ich dran.

Ich nehme mir Zeit, eine dramatische Pause ist nie falsch. Ich zähle bis fünf. Auch wenn ich mir dabei schon etwas blöd vorkomme, weiß ich doch mittlerweile, dass diese gefühlte Ewigkeit dem Publikum längst nicht so endlos erscheint wie einem selbst. Und es funktioniert, ich habe mehr Aufmerksamkeit, als ich erwarten hätte können, wenn ich eilfertig losgelegt hätte.

Die ersten Worte kommen zögernd.

»Firstly, thank you for the invitation, the warm welcome and the opportunity to speak about a topic that affects all our lives and our future.«

Ich lege wieder eine Pause ein, zähle aber nur bis drei. Und dann flutscht es.

»Since March this year, every Sunday, I wake up very early ...«

Mein Englisch ist ganz gut, aber dass es mir so mühelos über die Lippen kommt, ist selten. Ich fühle mich wohl in dieser Sprache, denn hier, in diesem erhabenen Saal in good old London, gibt sie mir das Gefühl dazuzugehören. Was ich mir für diese Rede ausgedacht habe, kommt zu hundert Prozent aus meinem Herzen:

Ich will das Bild zeichnen, das mich als überzeugte Befürworterin der EU ausmacht. Ich, mit der EU-Fahne auf den Straßen Wiens. Jeden Sonntag. Mit Gleichgesinnten in weiteren 179 Städten Europas, die sich gerade für dasselbe einsetzen: Bürger aus allen europäischen Tribes auf einem Platz zu versammeln und dazu zu bringen, über ihre Ängste, Überzeugungen und Hoffnungen und nicht zuletzt miteinander über Europa zu reden.

Die Mienen vor mir im Saal ändern sich. Langeweile sehe ich jetzt keine mehr.

»Europäer«, frage ich in die Menge, »was meinen wir damit?«

Pause. Eins, zwei.

»Wenn Sie Menschenrechte, Demokratie, Rechtsstaatlichkeit, Freiheit und Frieden schätzen, dann sind Sie Europäer. Das ist kein Widerspruch zu Ihrer eigenen Kultur oder nationalen Identität. Sie müssen sich nicht entscheiden. Das sagen wir auch den Menschen auf den Straßen. Europäer zu sein, hört nicht an irgendeiner Grenze auf.«

Eins. Zwei.

»Unser größter Fehler besteht darin, diese europäischen Werte als selbstverständlich zu betrachten und zu denken, die Zukunft besser allein meistern zu können. Allen muss eines klar sein: Wir können die globalen Herausforderungen alleine nicht lösen. Sondern nur, indem wir zusammenarbeiten.«

Ich zähle wieder bis drei.

»Diese Studie bestätigt, woran die Bewegung Pulse of Europe in diesem Jahr fest geglaubt hat: Die Mehrheit der Bevölkerung glaubt an die Grundidee der EU. Aber sie zögern. Und deshalb müssen wir sie aufrütteln.«

Eins. Zwei.

»Wie Ihre Studie feststellt, sind diese Tribes nicht statisch. Die Apathie lässt sich durchbrechen. Aber das geht nur von Angesicht zu Angesicht.«

Eins. Zwei.

»Diese Studie motiviert mich.«

Eins. Zwei.

»Wir brauchen ein neues europäisches Bewusstsein, das Menschen und Nationen verbindet.«

Eins. Zwei.

»Wenn Sie sich auch hier dafür einsetzen wollen, dann …«

Eins. Zwei.

»… viel Liebe und Kraft für Sie alle.«

Meine letzten Worte hallen durch den Raum. Ansonsten ist es still. Kaum jemand rührt sich. Die Zuhörer schauen mich perplex an. Das müssen sie erst mal sacken lassen, denke ich.

Nach dem Panel kommen einige Zuhörer aus dem Publikum auf mich zu. Die meisten neigen den Kopf zu mir hinunter, als dürfe niemand hören, was sie mir mitzuteilen haben.

Und dann sagen sie, ganz leise, alle ungefähr dasselbe: Etwas derart Leidenschaftliches hätten sie hier noch nie gehört, das sei ja so erfrischend gewesen, aber auf die Straße gehen und für Europa zu demonstrieren, nein, das würden sie dann doch lieber den Jungen überlassen.

Ich lächle. Nicht zuletzt, weil ich genau diese Anspielung aufs Alter vorsorglich wieder aus meiner Rede gestrichen habe. Gute Entscheidung, denke ich. Die Emotionalität, die ich in meine Worte gepackt habe, bereue ich nicht. Auch wenn mir diese verschämten Schulterklopfer in so typisch englischer Art bestätigen: Leidenschaft ist nicht die vordringlichste aller Eigenschaften in der britischen Mentalität.

Was ich ebenfalls nicht erwähnt habe, ist, dass ich weder Alter noch Temperament als Ausrede gelten lasse. Aktivist zu sein, bedeutet für mich nicht, dass man jung oder extrovertiert sein muss. Im Falle Europas braucht man nicht einmal besonders alternativ angehaucht zu sein.

Um für etwas einzustehen, braucht man Hirn und Herz, und das hat, soweit ich weiß, jeder Mensch. Man wird nicht als Aktivist geboren oder hat dabei ein bestimmtes Aussehen zu haben. Es geht einfach nur darum, Verantwortung zu übernehmen. Und ein Anliegen mit anderen zu teilen.

Das kann jeder Mensch in jedem Alter mit jedem Aussehen, gleich welchen sozialen, kulturellen oder religiösen Hintergrund er oder sie hat. Man muss auch keine gewaltigen Demos und riesige Paraden auf die Beine stellen.

Überzeugungsarbeit beginnt im Kleinen, es ist nicht notwendig, sich dabei von anderen auf die Finger schauen zu lassen. Jeder einzelne Skeptiker, den man zum europäischen Gedanken bekehrt, ist wertvoll. Jede einzelne Person, der man das Gemeinschaftsgefühl vermittelt, ein Gewinn.

Wenn jeder einen einzigen Gegner, eine einzige Skeptikerin überzeugt, sind wir auf einmal doppelt so viele.

DAS EUROPA-FEELING

Ich sitze in der Frankfurter Bimmelbahn. Der Ebbelwei-Express, der sonst voller Touristen ist, ist heute voll von Aktivisten. Ich bin mit Dutzenden Europäerinnen und Europäern auf dem Weg zum ersten Treffen der zweihundert Pulse-of-Europe-Initiatoren und -Initiatorinnen aus ganz Europa.

Aber heute geht es nicht um unsere Arbeit. Heute Abend soll gefeiert werden.

Die Idee hat alle begeistert. Einander kennenlernen, gemeinsam Zeit verbringen, essen und auf die Sache anstoßen.

Schon bei den kurzen Gesprächen in der Bahn ist klar: Unterschiedlicher könnte unser Kreis nicht sein. In der Vorstellungsphase purzeln Städte und Länder wild durcheinander. Alle sagen, woher sie kommen und welche Stadt sie repräsentieren. Bei meiner Antwort sind die meisten verwirrt.

»Ich bin aus Wien, aber ursprünglich aus Georgien und irgendwie auch aus Ungarn und Deutschland.«

Aha, sagen die Blicke.

»Ach was soll's«, sagte ich. »Ich bin einfach aus Europa.«

Ich drehe mich auf dem Sitz zu meinen Nachbarn hinter mir um. »Und ihr?«

»Luxembourg«, grinst ein Junge und nimmt einen Schluck vom Frankfurter Apfelwein.

»Ich aus Kölle«, sagt sein Sitznachbar und stößt mit uns an.

Die Stimmung ist gut, ausgelassen und ungezwungen. Cool, denke ich, das ist genau das, was ich liebe. Da hat einer den anderen noch überhaupt nie gesehen, aber man sagt Europa, und schon gehört man zusammen.

Ich proste den beiden hinter mir noch einmal zu, beiße in eine Brezel und schaue aus dem Fenster. Die Wolken brechen langsam auf und lassen die Sonnenstrahlen durch, die die wunderschöne Main zum Glitzern bringen. Ich höre, wie im Hintergrund lebhaft vernetzt, laut gelacht und locker gefachsimpelt wird. Ich möchte noch nicht einsteigen, ich genieße das Sprachengetümmel, es ist wie ein bunter Sprachteppich. Das ist der Soundtrack der Zukunft, denke ich.

Wie aufs Stichwort beginnen ein paar Leute, »Aux Champs-Elysées« zu singen. Sie haben keine schlechten Stimmen, aber vermutlich hätte mir jetzt jeder drittklassige Bariton gefallen. Ich falle in den Refrain ein.

Langsam nähern wir uns dem Versammlungsort, einem Saal in der Innenstadt. Ich bin immer noch im Beobachtungsmodus.

Immer mehr Leute drängen herein. Ich bin neugierig und habe meinen Scannerblick aufgesetzt. Es ist alles dabei. Jung, sehr jung, mittel, älter, sehr alt. Manche steuern gleich auf die Tische zu und setzen sich, andere stehen herum, unterhalten sich und schauen ab und zu auf die Uhr. Einige können es nicht lassen, wuseln geschäftig herum und sind schon kräftig am Netzwerken.

Wie ein Klassentreffen, denke ich. Es ist, als würde man sich lange kennen, und doch hat man keine Ahnung voneinander. Seltsames Gefühl, denke ich, beides zugleich geht nicht, und trotzdem ist es so. Wir haben in den vergangenen Wochen und Monaten so oft gemeinsam demonstriert, aber jeder in einem anderen Eck Europas. Wir wissen alle voneinander über die sozialen Netzwerke der Bewegung, aber live haben wir uns noch nie zuvor gesehen. Und ich hätte auch nicht erwartet, dass das jemals passieren würde.

Und jetzt sind wir alle da, hier in Frankfurt. Die unterschiedlichsten Menschen, die alle mehr oder weniger dieselbe Geschichte haben. Genau wie ich haben sie sich eines Tages die Europa-Fahne geschnappt und beschlossen, in ihrer Stadt eine pro-europäische Bewegung zu starten.

Aus den Lautsprechen ertönt die inoffizielle Hymne unter Europa-Aktivisten: *Insieme: 1992* von Toto Cutugno. Immer mehr Menschen sammeln sich in der Mitte des Raumes. Die Stimmung ist wie elektrisch geladen.

Con te, così lontano e diverso

Con te, amico che credevo perso

Io e te, sotto lo stesso sogno

Totos selbst geschriebene Liebeserklärung an Europa aus dem Jahr 1990 schmeichelt sich durch die Menge. Auch ein Seelenverwandter, denke ich, und singe mit Toto mit. Viele legen sich die Europa-Fahne um die Schultern. Sagenhaft, wo die immer alle herkommen, als wären Aktivisten lauter Zauberer, die nur ein Kunststück können: EU-Fahnen aus dem Ärmeln ziehen.

Nach und nach nehmen sich alle an den Händen. Wer noch welche frei hat, schwenkt Papierfähnchen, einige umarmen einander. Und dazu singen alle:

»Insieme, unite, unite, Europe!«

Ich stehe mittendrin und bin überwältigt. Hier ist es. Das pure Europa-Feeling. Wir alle haben Toto schon x-mal gehört, x-mal mitgesungen, und doch bewegt er die Herzen, als wär's das erste Mal. Mit diesem emotionalen Lied für die europäische Idee, geschrieben kurz nach dem Fall des Eisernen Vorhangs, gewann er den Eurovision Song Contest im ehemaligen Jugoslawien. Und seine Message ist heute so aktuell wie nie zuvor.

Jemand nimmt meine Hand, und ich werde mitgerissen in eine riesengroße Polonaise, die immer länger wird. Jeder nimmt wieder jemanden mit, bis alle, wirklich alle, in einer Reihe sind. Der Tanz bringt uns alle zusammen, bis wir uns langsam und mit einem letzten lauten »Unite, unite Europe!« aus vollen Lungen wieder lösen. Es wird gejubelt, jeder umarmt jeden wie bei einem Fußballspiel.

Europa ist ein Staatenbund. Aber es ist auch ein Gefühl. Und zwar genau dieses. Ohne dieses Gefühl würde der Bund auseinanderfallen. Es ist der Kitt, der es zusammenhält. Ein unglaublich haltbarer Kleber.

Und doch ist es ein luftiges Gefühl. Immer schwirrt es irgendwie um uns herum, nur nehmen wir es viel zu selten bewusst wahr. Aber in bestimmten Situationen zeigt es sich. Heute zum Beispiel, heute ganz besonders. Wenn Mut, Zusammenhalt, Vielfalt, Respekt, Zukunfts- und Freiheitsliebe an einem Ort zusammentreffen, ist es automatisch mit dabei. Dann kann man es fast greifen, das elektrisierende Europa-Feeling. Dann flimmert die Luft.

Das erste Mal nahm ich dieses Gefühl kurz nach dem Krieg damals 2008 wahr. Als sich die Staatschefs Polens, Estlands, Lettlands, Litauens und der Ukraine in Tiflis versammelten und ihre Solidarität mit Georgien bekundeten, da war es mir bewusst. Es waren zwar nicht alle europäischen Länder so mutig, aber es ließ uns doch an die europäische Idee glauben.

Wir waren miteinander verbunden.

Das zweite Mal wurde es mir bei einem *Model European Parliament* bewusst. Einem Programm, das Schülern zwischen sechzehn und neunzehn Jahren zeigen sollte, wie das europäische Parlament arbeitet. Die Simulation fand an einer Schule in den Niederlanden statt, aber sie war nicht das eigentlich Spannende daran. Für mich war es das erste Zusammentreffen so vieler junger Menschen aus anderen EU-Ländern, und ich war fasziniert davon.

Wir waren auf Anhieb auf einer Wellenlänge und machten uns über Stereotypen lustig, damals nannten wir das bloß noch nicht Stereotypen. Es ging einfach um die ewig gleichen Vorurteile, die einmal vorgefassten und nie wieder überdachten Meinungen, die Klischees, die sich so leicht zu Weltbildern aufblasen. Wir sprachen nicht dieselbe Sprache, wir waren nicht an dieselbe Küche gewöhnt, wir hatten nicht alle denselben Humor, aber das war völlig nebensächlich.

Wir waren miteinander verbunden.

Sehr präsent war das Gefühl in unserer europäischem Autorengruppe »The Young European Collective«. Wann immer wir in Berlin zusammentrafen, umgab es uns nicht nur, es füllte uns regelrecht aus. Beim Schreiben war es fast greifbar, es war so stark, dass man es noch zwischen den Zeilen hervorlodern spürte.

Wir waren miteinander verbunden.

Und doch gab es noch eine Steigerung. Am meisten miteinander verbunden fühlte ich mich bei jedem internationalen Zusammentreffen von Pulse of Europe. Das ist das Europa-Feeling, das sich bis in die kleinste Faser des Körpers ausbreitet.

Aber es ist kein Gefühl, das nur in mir existiert. Jeder kann es haben. Es ist für alle da, das liegt in der Natur der Sache. Es kann überhaupt erst gemeinsam mit anderen entstehen. Gemeinschaft ist ein Kreis Gleichgesinnter. Bleibt man mit sich allein, kommt es nicht auf. Es braucht Gesellschaft, um zu wachsen. Jeder von uns kann es sich holen. Ganz einfach. Indem er hinausgeht.

Wer schon einmal beim *Eurovision Song Contest* mit dabei war, kann das vielleicht am ehesten nachvollziehen. Banales Beispiel? Hat nichts mit Politik zu tun? Trägt nichts dazu bei, die Welt zu verbessern? Naja, ich denke, dass das Millionen von Homosexuellen anders sahen nach Conchita Wursts Befreiungsruf: We are unstoppable!

In Zeiten von Corona ist das mit dem Hinausgehen keine so rechte Option mehr. Ich hatte es da noch leichter. Ich konnte den Puls Europas noch direkt fühlen. Draußen vor Ort und nicht nur im Internet. Damals war es auch noch einfacher, sich paar Freunde und einen Rucksack zu schnappen, den erstbesten Zug nach Brüssel oder Straßburg zu nehmen und eine Reise durch die EU-Institutionen zu machen.

Ich hatte diese Chance über einen Cife-Lehrgang an der Akademie Wien. Ich reiste mit einer ganzen Studiengruppe an die Schaltstellen Europas, um die Institutionen auch von innen zu sehen. Davor hatte ich bloß eine abstrakte Vorstellung davon, nicht mehr als Erzählungen von Freunden und Kollegen, Fernsehberichte und meine Internetrecherchen. Und dann stand ich vor dem Berlaymont-Gebäude in Brüssel, dem Sitz der Europäischen Kommission.

Schön ist es nicht, denke ich, und schaue an der Fassade nach oben.

»Sechzigerjahre-Architektur«, sagt der Student neben mir.

Streber, denke ich, und nicke freundlich.

Mir ist die Architektur egal. Dort hinter diesen unendlich vielen Fenstern werden die Rechtsvorschriften der EU ausgearbeitet und umgesetzt werden, was immer das heißt. Für die einen ist es der Ort, an dem man sich die Gurkenkrümmung einfallen hat lassen. Für mich ist es vor allem einmal imposant. So wie ich mir Brüssel vorgestellt habe. Riesig, glatt, unpersönlich. Mehr lässt sich noch nicht sagen.

Drinnen ändert sich das Bild. Das hier ist kein monotones Konstrukt mehr, hier wimmelt es von Menschen. Ich habe mir leere Gänge und verschlossene Büroräume vorgestellt mit anonymen Beamten vor grauen Computern. Kühl, sachlich, steif.

Aber hier ist nichts kühl, sachlich oder steif. Im Gegenteil. Es herrscht eine offene Atmosphäre. Die Menschen, die hier arbeiten, sind zuvorkommend und freuen sich über unseren Besuch. Mehr noch.

»Wir sind über jeden froh, der kommt und sich selbst ein Bild macht«, sagen sie. Viele Europäer hätten ja eher die Vorstellung eines gewaltigen Chaos, einer Endlosschleife, in der sich Entscheidungen verlieren und Beschlüsse verlaufen. Wenn sie dann sehen, wie hart hier gearbeitet wird, wären sie geradezu verblüfft. »Sie gehen mit einem anderen Gefühl, als sie hergekommen sind.«

Ich weiß, was gemeint ist. Auch mir geht es so. Ich bin vielleicht nicht gerade verblüfft, dass hier überhaupt gearbeitet wird. Aber nach unserem Rundgang hat es auch mich erwischt, dieses unglaubliche Europa-Feeling.

Den ganzen Tag über reden wir mit Beamtinnen und Beamten und schauen ihnen über die Schulter. Zusammenhänge werden klarer, wir bekommen eine Ahnung von der Komplexität des Zusammenspiels aus Nationalstaaten und Europäischer Union.

Als wir das Gebäude verlassen, brummt mir der Kopf. Ich bleibe stehen, drehe mich noch einmal um und schaue wieder die Fassade hinauf. Der Besuch hat meine Vorstellungen eines kalten, verkopften, überregulierten, verbeamteten Apparates entstaubt. Was ich erlebt habe, ist eine überschaubare Gruppe von Menschen aus verschiedensten Nationen, die alle an einem Strang ziehen.

Sie haben recht, denke ich, ich bin mit einem anderen Gefühl gekommen, als ich jetzt habe.

Es war pures Europa, was ich da gespürt habe, und ich war ein Teil davon. Es war, als gäbe es eine Mini-EU, zusammengeballt auf diesem Fleck im Europaviertel in Brüssel. Dort konzentrierte sich der Zusammenhalt wie in einer Art verdichteter Atmosphäre.

Umso erstaunlicher war der Unterschied beim Verlassen des Gebäudes. Denn plötzlich war das Feeling weg. In der Stadt war nichts mehr zu spüren von Magie. Ich hatte gerade vom Konferenzraum aus auf eine Welt geschaut, wie ich sie mir erhoffe. Aber so war sie in Wirklichkeit nicht. Brüssel war trotz seiner Vielfalt eine Stadt wie jede andere, man traf wieder auf die Realität. Sogar unmittelbar vor dem überwältigenden EU-Gebäude lagerten Obdachlose, selbst Frauen und Kinder. Die Diskrepanz war beklemmend.

Trotzdem habe ich mir diese Magie erhalten. Jedes Mal, wenn die Nachrichten aus Brüssel berichten, ist die EU für mich wieder zum Greifen nah. Ich habe wieder das Gefühl, ganz genau zu wissen, wo das alles herkommt.

Ich denke: Wenn mehr Menschen die Gelegenheit bekämen, das ebenso aus der Nähe zu sehen wie ich, würde das so einiges an Vorurteilen und Mythen auflösen. Und unser Europa-Feeling stärken.

DAHOAM IN EUROPA

Kommunikation ist alles. Menschen außerhalb der eigenen Bubbles erreichen. Obwohl wir mit Pulse of Europe in Österreich auch Menschen aus Graz, Innsbruck, Linz, Krems an der Donau und Salzburg gewinnen konnten, bewegten wir uns vorwiegend im urbanen Bubble.

Kritikern bezeichnen uns oft als eine Städte-Bewegung voll hoffnungsloser EU-Romantiker. Wir sind eine Städte-Bewegung voll hoffnungsvoller EU-Romantiker.

Wir setzen uns für die EU ein, aber wissen auch, dass Reformen nötig sind. Und dasselbe gilt auch für uns. Ich nahm mir also ein neues Ziel vor. Europa musste in den Regionen sichtbar gemacht werden.

Jetzt kommt es natürlich komisch rüber, wenn man sich als Stadtmensch plötzlich auf einem kleinen Bauernmarkt stellt und durchs Mikrofon bläst, wie toll die EU ist, während die Leute Speck probieren und Wein verkosten.

»Das kommt nicht nur komisch rüber«, meint ein Freund aus der Steiermark, »es ist belehrend und überheblich.«

»Schnaps und Dirndl«, rät ein anderer. »Und nimm um Himmels willen kleinere Europafähnchen, nicht diese Riesentrümmer am Stock. Da kriegt man ja Angst. Die Leute denken noch, Österreich soll abgeschafft werden. Pack zusätzlich eine große Österreich-Fahne ein, damit kann dann nichts schiefgehen.«

Und nach einer kleinen Pause schießt er noch nach:

»Ach, und sag auf jeden Fall, du bist aus Georgien, nicht aus Deutschland, das macht alles einfacher und dich sympathischer.«

Ich schreibe alles fleißig mit. Den letzten Satz lasse ich aus, den höre ich nicht zum ersten Mal. Sogar beim ORF wurde ich hinter den Kulissen einmal auf die leichte Problematik meines zu deutschen Akzents hingewiesen, und das in einer Sendung, in der ich von europäischer Zivilgesellschaft und transnationaler Solidarität sprach.

»Sag Bescheid, wenn du unterwegs bist«, sagen einige Kollegen in Berlin, als ich dort an einem Workshop unserer europäischen Autorengruppe von der Idee erzähle, das europäische Bewusstsein auf dem Land stärken zu wollen.

Vincent Herr, der auch dabei ist, nickt. Er hat sich schon ein paar verrückte Einfälle von mir anhören müssen. Zum Beispiel: »Hey, lasst uns heute Abend spontan zur abchasischen Grenze fahren und dort Himmelskerzen mit emotionalen Botschaften an die Jugend von Georgien nach Abchasien rüber fliegen lassen.« Das taten wir dann kurze Zeit später auch. Nun schmunzelt er.

Es war also entschieden. Von der Bühne der internationalen Politik würde ich ins Bad Ausseer Dirndl springen. Dahoam in Europa, also. Und warum nicht. Das ist nun mal der Kern des Problems: Wenn wir nicht auch die Menschen außerhalb der Städte in der EU aufrütteln können, dann schaffen wir es nie zu einem vereinten Europa, und wenn wir es nicht zu einem vereinten Europa schaffen, kann ich die Zukunft Georgiens auch vergessen. Auf geht's Nini, raus aufs Land!

Wie so oft kam mir der Zufall zu Hilfe. Ich bekam die Möglichkeit, in Kooperation mit dem CEMR, dem Rat der Gemeinden und Regionen Europas, dem DG-Regio der EU-Kommission, der Generaldirektion Regionalpolitik und Stadtentwicklung, dem österreichischen überparteilichen Verein *Bürgerforum Europa* und nicht zuletzt dem Vizepräsidenten des EU-Parlaments Othmar Karas durch alle neun Bundesländer zu reisen und das gemeinsame Projekt *#EUinmyRegion* in Österreich auszurollen.

In dem Projekt ging es genau um das, was mir vorschwebte: In jeder Region der EU mit den Menschen ins Gespräch zu kommen, über die Auswirkungen der EU-Förderungen vor Ort und über die Zukunft der Region innerhalb der EU. Dass diese EU-BürgerInnen-Dialoge in Österreich, in allen Regionen, ordentlich laufen, hing jetzt also von mir ab, dachte ich.

Ordentlich laufen hieß dabei nicht, ein Foto von handschüttelnden Anzugträgern aus der lokalen Politik, die stolz posieren und denken, sie hätten die Bürger tatsächlich erreicht. Unsere Projekte sind zu wichtig, um auf lokaler Ebene politisch vereinnahmt zu werden.

Ordentlich laufen hieß für mich: EU-Bürgerdialoge dort veranstalten, wo sie möglichst sichtbar und für viele Menschen attraktiv sind; mit Begeisterung arbeiten, damit die Leute mit Begeisterung nach Hause gehen. Und vor allem: sich in die anderen, außenstehenden Menschen, hineinversetzen, neue Ideen zur Kommunikation suchen und sie wagen. Davon hing alles ab. Und ich fühlte mich für das alles verantwortlich.

Ich sah mir unzählige Förderprojekte an und ich war beeindruckt. Wow, dachte ich, das alles gebe es nicht ohne die EU. Und gleich darauf ein zweites Wow, denn von den neunzig Prozent der wirtschaftlichen, umweltschonenden und sozialen Projekte weiß niemand etwas.

Online gibt es keine umfassende Auflistung über alles, was bereits gefördert wurde. Im Internet fand ich bloß einige oder veraltete Projekte. Ich fragte bei den Förderstellen selbst nach, die gleich einmal überfordert waren. Wenn es schon den zuständigen Menschen schwerfällt, das zu kommunizieren, frage ich mich, wie sollten sich dann wir ganz normalen Aktivisten damit auskennen?

Und tatsächlich waren neun Bundesländer mit neun *#EUinmyRegion*-Events und deren unzählige Vorgaben keine Kleinigkeit. Es überraschte mich nun nicht mehr, dass sich die Leute nach der ganzen Bürokratie einfach nur noch mit dem Mindestmaß zufriedengeben. Bei uns, schwor ich mir, sollte es anders ablaufen.

Mit ganzen Herzen dabei oder gar nicht. Ich konzentrierte mich auf drei Fragen: Was würde mich als Bürgerin eines kleinen Ortes animieren, bei so einer Veranstaltung dabei zu sein, obwohl ich im Alltag schon genug um die Ohren habe? Wann und warum würde ich dafür meine freie Zeit opfern? Und was könnte mich dazu bringen, dass ich mich nach dem Event wie eine Europäerin fühle?

Die Antworten füllten bald ganze Notizbücher. Ich hielt in den Ortschaften, in denen wir Veranstaltungen abhalten wollten, nach netten Cafés Ausschau, in die man quasi hereinstolpern musste. Ich änderte die Sitzordnung zu einem Halbkreis um die Speaker herum. Ich ließ alles wegräumen, was zwischen Publikum und Speakern hätten stehen können. Und ich verpasste den Events einen neuen Titel. Statt *Diskussion über die EU-Kohäsionspolitik in Kärnten* lockte ich mit: *Europa in Kärnten. Was hat die EU je für mich getan?*

Bei fast allen Events waren die Organisatorinnen oder Organisatoren, die uns von EU-Seite beistanden, der Meinung, es müsse aufgrund des Kohäsionspolitik-Themas besonders bürokratisch hergehen und legten eine Eventgestaltung an den Tag wie in Nordkorea.

»Die Menschen sollen sich hier wohlfühlen«, schimpfe ich mit dem sogenannten Europe Direct, meinem Ansprechpartner im Ort, der sich nicht und nicht aus seiner Komfortzone heraustraut.

»Wenn die Leute reinkommen, sollten sie ein heimeliges Gefühl haben und vor allem, dass es um sie geht und nicht um die Speaker, auch wenn die noch so prominent sind. Wenn die Speaker hinter einem riesigen weiß gedeckten Tisch sitzen, fünf Meter vom Publikum entfernt, dann ist das alles andere als bürgernah.«

Naja, mit ganzen Herzen dabei oder gar nicht. Langsam wird mir klarer, wie schwierig die Kommunikation zwischen der EU und ihren Regionen tatsächlich abläuft. Die EU kann nicht mehr tun, als sich auf ihre Ansprech- und Kommunikationsstellen vor Ort zu verlassen. Allerdings kennt die kaum jemand.

An einer der neun Veranstaltungen fragte ich einmal ins Publikum, wer denn schon mal von so einem *Europe Direct Informationscenter* gehört habe. Die Einzigen, die die Hand hoben, waren die Europe Directs selbst. Dabei hat dieses, von der EU-Kommission ins Leben gerufene, europäische Netzwerk ein riesiges Potenzial.

In der EU gibt es 500 *Europe Direct Informationscenters*, kurz EDICs. Sie haben die Aufgabe, die Bevölkerung mit Informationen über die EU zu versorgen, Fragen in allen 28 Amtssprachen anzunehmen, sie auch mit der entsprechenden Sprache zu beantworten und das europäische Bewusstsein, lokal in der Region, aktiv zu stärken. Diese Stellen werden zum Teil von der EU-Kommission bezuschusst, aber größtenteils über staatliche oder private Stellen mit öffentlichem Auftrag am Leben gehalten. Leider merkt man das auch.

»Weißt du was über die EDICs?«, frage ich einen Kollegen. »Hast du sie überhaupt schon einmal in deiner Gegend angetroffen?«

»Oft«, erklärt er mir, »sind das ältere Lokalpolitiker, die schon zu alt für so eine zeitgemäße Kommunikationsstelle sind, aber in der regionalen oder nationalen Politik eben nicht mehr gebraucht werden.«

»Du meinst, alte nationale Politiker, die nach Brüssel abgeschoben werden?«

Er nickt.

Unser Einsatz wurde belohnt. Europaweit war das Feedback auf unsere Veranstaltungen eins a. Eine der besten Herangehensweisen in ganz Europa, hieß es unisono.

Kein Wunder gegen die Franzosen in ihren stickigen Rathaussälen, in die sie ein Podium, aber kaum Publikum hineinbringen. Dagegen haben unsere Cafés mit ihren gemütlichen Stühlen, den locker herumstehenden Speakers tatsächlich etwas von einem feinen Kaffeekränzchen. Die Projekte werden hautnah vorgestellt, es gibt viele Fragen, einen echten Dialog. Immer haben wir eine Anlage dabei für den guten Ton. Und das Beste: Unser Mikro ist ein Würfel, eine sogenannte Catchbox. Die können wir den Leuten, die etwas sagen wollen, einfach hinwerfen. Allein das bricht das Eis.

Für die Moderation waren meine Kollegin Julia und ich zuständig. Julia ist so ziemlich in allem das Gegenteil von mir. Groß, dominant, technisch versiert und eher analytisch. Ich bin der empathische und emotionale Freigeist, die blaugelbe Leidenschaft in Person. Sie Eis, ich Feuer. Sie war durch meinen Auftritt in der ORF-Sendung *Im Zentrum* auf mich aufmerksam geworden. Sie hatte schon viele Bürgerforen bestritten und wollte dort die Stimme der Zivilgesellschaft statt immer nur Bürgermeister sitzen haben. Eigentlich war sie eine Einzelplayerin im Bürgerforum, aber wir verstanden uns auf Anhieb, und unsere Moderation war erfrischend leichtfüßig.

Auch der Beamte der EU-Kommission, der für die Sachfragen da war, ließ sich von uns anstecken. Er kommt in seinem Job sonst selten raus, es war praktisch das erste Mal, dass er direkt mit Leuten sprechen konnte. Typischer Beamter an sich, aber sehr witzig. Die Leute erzählten ihre Erfolgsgeschichten mit ihren

Projekten, er erklärte, wie gefördert und investiert wurde.

Wir waren das Bindeglied zwischen Publikum und Experten, die emotionale Brücke, über die beide aufeinander zugehen konnten. Wir sollten einen guten Querschnitt der Bevölkerung anlocken, das war unsere Aufgabe in diesen Bürgerdialogen.

Es funktionierte so gut, dass wir gar nicht genug kriegen konnten. Nach der ersten erfolgreichen Bundesländertour beschloss ich mit meinem Team, mit unserem Van gleich nochmal loszustarten. Zu einer eigenen Sommertour durch Österreich. Und diesmal im Dirndl.

Wir brauchten noch gar nicht den Mund aufzumachen, erkannte man unsere Botschaft. Lokalkolorit und EU beißen sich nicht. Man kann aus Wels, Amstetten oder Zipfelhausen und Europäer sein.

Wir wollten täglich so viele Menschen wie nur möglich ansprechen, und zwar diesmal nicht in den ganz großen Ballungszentren, sondern auf Märkten, in kleinen Shoppingmalls oder auf einem belebten Hauptplatz. Wir wollten ihre Wünsche für die Zukunft Europas auf Postkarten sammeln und später in politische Messages sortieren, einscannen und im Internet veröffentlichen.

Die Leute füllten die Karten bereitwillig aus. Wir transportierten sie in einem braunen Vintage-Koffer, den Lukas mitgebracht hatte. Er kam aus einem sehr konservativen Elternhaus, mit Lederhosen und diesem alten Koffer, der langsam so schwer wurde, dass er ihn kaum mehr tragen konnte. Es waren auch gewichtige Antworten drinnen.

Oft genug blieben wir einfach irgendwo stehen, stiegen aus, gingen auf die Menschen zu und fragten sie, ob sie Lust hätten, mit uns über die Zukunft der EU zu reden. Und oft genug blitzten wir ab. Offene Mikros in der Stadt sind etwas anderes als auf einem Marktplatz in Wiener Neustadt, vor einem Einkaufszentrum in Lienz, mitten in Dornbirn oder am Klopeiner See.

Die ersten Stopps fielen uns noch leicht, aber dann begann die Ochsentour. Die Reise wurde zunehmend zu einem Kampf. In Wiener Neustadt forderte eine Ärzte-Familie von uns die Abschaffung des Euro und der EU, die ohnehin nur ein Verschwörungsnetzwerk sei.

Auf der Planai in Schladming traf ich in der Schlange beim Skilift auf zwei Frauen, die die Festung Europa forderten. Asylsuchende in Österreich würden viel zu viel Geld kosten und wir Österreicher deshalb zu kurz kommen. Wir sollten die Grenzen hochfahren und alles dichtmachen.

An der Salzach flohen wir fast vor einer Gruppe Jugendlicher, die sehr negativ auf die EU reagierten.

Ein paar Kilometer weiter begegneten wir einem total positiv eingestellten alten Pärchen, die schon den zweiten Weltkrieg erlebt hatten.

In Salzburg und Graz muss ich mir von einigen jungen Menschen anhören, dass die EU abgeschafft gehört.

In Villach, Eisenstadt und Spittal an der Drau war kaum jemand ansprechbar, und es regnete in Strömen.

Am Klopeiner See in Südkärnten warf man uns ein besonders vehementes »Schleichts euch, die EU braucht doch keiner« an den Kopf. Dazu lauter auswendig gelernte EU-Headlines aus den Boulevardblättern gemischt mit haarsträubenden Verschwörungstheorien.

Es gab Schreiduelle, die uns gleich in die Flucht schlugen, aber manchmal gelang es trotzdem, ins Gespräch zu kommen. Mit persönlichen Erlebnissen und meiner Lebensgeschichte hatte ich die größten Chancen.

Und hin und wieder gab es auch schöne Momente.

Wie in Bad Aussee, wo wir mit zwei über 80-jährigen Damen in langen Trachten sprachen, die sehr gerührt waren, sich bei uns bedankten und meinten: »Es gibt noch Hoffnung für die EU.«

Oder in Schladming, wo wir von den Passanten in der Fußgängerzone unerwartet Applaus für unsere Trachten mit Europafahnen bekamen.

Alles in allem waren sowohl die Bürgerdialoge wie die Österreichtouren tolle Erfahrungen. Die menschliche Nähe löst beim Thema EU tatsächlich viele Blockaden. Die meisten Menschen kamen aus Neugier vorbei, viele hörten zu und bedankten sich, und noch mehr gingen am Ende als bewusste Europäerinnen und Europäer weiter. Und alle, die mit uns sprachen, schätzten es, dass sich jemand aus der EU einmal Zeit nahm, persönlich und auf Augenhöhe mit den Menschen zu reden.

Jede Kleinigkeit, die dabei das steife, kühle, sachliche EU-Image durchbrach, war dabei hilfreich. Wie zum Beispiel die quietschgelbe Krawatte mit den lustigen Motiven, die man sich ebenso wenig in einem Büro in Brüssel vorstellen konnte wie ihren Träger. Das Bild eines sympathischen EU-Beamten ist etwa so verbreitet wie das eines freundlichen Polizisten. Damit trugen wir offenbar am meisten dazu bei, dass die EU-Kommission ein Stück menschlicher und persönlicher erschien.

Das schönste Ereignis, das ich bei einem Bürgerdialog erlebte, spielte sich in Linz ab.

Die Veranstaltung findet an einem sehr heißen Sommertag im Café Traxlmayr statt. Ein älterer Herr unterbricht die Diskussion immer wieder mit sehr uncharmanten Ausdrücken und heftigstem EU-Bashing. Er scheint nicht nur EU-Gegner, sondern an dem Tag auch noch besonders grantig zu sein. Nach der Diskussion sprechen wir lange mit ihm über die ewigen EU-Mythen. Irgendwie dürfte ihn das beruhigen. Er ist zwar immer noch etwas distanziert, aber nicht mehr so aufgebracht. Er gerät sogar ins Grübeln. So viel Verständnis und Gesprächskultur hat er sichtlich nicht erwartet.

Es wird Zeit für unser Gruppen-Foto. Alle Menschen im Raum gehen nach vorne und stellen sich auf. Nur der ältere Herr steht noch unschlüssig herum.

»Kommen Sie ruhig mit dazu«, rufe ich ihm zu, »ohne Sie machen wir das hier nicht, na los, kommen Sie!«

Während wir die EU-Fahne drapieren, kämpft er noch mit sich. Dann gibt er sich einen Ruck, gesellt sich zu uns und hält sogar die Fahne an einem Ende.

Ich bin stolz. Ein Skeptiker hat sich zu einem Europa-Selfie durchgerungen.

Insgesamt waren wir ein Jahr lang in Sachen Bürgerdialoge unterwegs und dreimal auf Österreich-Tour vom Burgenland bis Vorarlberg, von Oberösterreich bis Kärnten. Wir haben zugehört, getröstet und aufgeklärt. Wir haben Mythen vertrieben und Missverständnisse aus dem Weg geräumt. Wir gaben den Menschen Mut und nahmen ihnen manchmal ein paar Sorgen.

Natürlich gab es Momente, in denen ich mich fragte: Was mache ich eigentlich hier?

Zum Beispiel vor einem Einkaufszentrum, nachdem mich gerade jemand angespuckt hat und mir ins Gesicht schreit: »Scheiß auf die EU!«

Natürlich fragte ich mich auch: Warum tue ich mir das an?

Meistens lag ich da irgendwo zwischen Bregenz und Wien völlig erschöpft in einem Nachtzugabteil voller EU-Fahnen und konnte vor lauter Müdigkeit nicht einmal mehr schlafen.

Aber die positiven Erfahrungen überwiegen immer.

Ich bin mir bewusst, dass wir eine große Verantwortung tragen. Dass sich nichts an der heutigen Lage ändert, wenn nicht jemand die Aufgabe übernimmt, direkt auf die Menschen hinzugehen und mit ihnen über Europa zu sprechen. Abgesehen von den paar dunklen Augenblicken ist die Arbeit auch nur dann schwierig, wenn man nicht genug dafür brennt, für eine bessere Zukunft Europas zu kämpfen.

Ich glühe dafür. Nach wie vor.

Ich erinnere mich immer gerne an die Gesprächsrunde in einem kleinen Örtchen namens Purgstall an der Erlauf, als der motivierte Bürgermeister die Initiative ergriff, um Europa dort sichtbar zu machen. Chapeau an dieser Stelle für dieses Engagement.

Einer seiner ersten Schritte war es, den Menschen bei Ortsfesten über die von der EU geförderten Projekte zu berichten. Weil nämlich die Abkürzungen der Förderstellen viel zu verwirrend und unbekannt wären. EFRE, Europäische Fonds für regionale Entwicklung; ESF, Europäischer Sozialfonds; ELER, Europäischer Landwirtschaftsfonds kann sich tatsächlich kein Mensch merken und schon gar nicht unterscheiden. Deshalb schlug der Bürgermeister vor, man sollte einfach eine EU-Fahne aufstellen und sagen: »Wussten Sie, dass dieser Radweg oder dieser Betrieb hier um die Ecke durch die Hilfe der EU zustande kam?«

Ich erinnere mich weniger gerne an einen Unternehmer, der das anders sah: »Wissen Sie, vielen auf dem Land ist es auch peinlich, das so sichtbar zu zeigen. Eine Förderung von der EU bekommen zu haben, ist nicht unbedingt etwas, das man herzeigen will.«

Das glaubt mir keiner, dachte ich.

Laut *transparenzdatenbank.at* haben die Menschen hier in der kleinen Ortschaft zum Teil Förderungssummen von 94.000 Euro pro Familienbetrieb bekommen. Bei der Nationalratswahl war sie eine Hochburg der FPÖ. Zwei Monate später war jeder Hinweis auf eine Förderung weg, genauso wie die große, im Wind wehende EU-Fahne beim Eingang der Fachhochschule.

Förderungen hin oder her. Am Ende kommt doch alles auf uns, auf die Zivilgesellschaft, an. Und wie mein Lieblingsautor Lars Amend immer sagt: Aufgeben ist keine Option!

MEIN APPELL

Ein Rettungsplan für Europa. Nichts weniger als das ist es, was mir vorschwebt. Er wird entweder von unten, von uns, vorangetrieben und umgesetzt oder gar nicht.

Wir befinden uns mitten im Entwicklungs- und Reformierungsprozess der EU. Für viele ist das der Prozess des Nörgelns und Kritisierens. Aber Reform ist kein destruktiver Prozess, in dem jeder bloß lautstark mitteilt, was nicht in Ordnung ist. Es ist etwas Konstruktives, etwas Erneuerndes. Ich finde, dass man sich bewusst sein sollte, dass man das auch von dieser positiven Seite betrachten kann, mit dem Blick aus dem optimistischen Auge. Denn dann erkennt man, was viele von uns überhaupt nicht mitbekommen: Wir erleben einen historischen Moment.

Wir haben jetzt eine einzigartige Chance. Wir schreiben Geschichte. Wir sind es, die das Ruder unserer gemeinsamen europäischen Zukunft steuern. Wäre schade, wenn wir das vergeigen.

Was ist der Istzustand?

Immer noch ist es vielen Menschen nicht einsichtig, dass sich ein Nationalstaat in einer globalisierten und multipolaren Welt niemals allein gegen weit größeren Mächte behaupten kann. Das ist der Kern der Sache. Das ist es, worum es eigentlich geht. Allein sind wir niemand.

Aktuelle Schlagzeilen von Krisen, an denen es nicht mangelt, überdecken diesen Kern. Immer ist Kleineres wichtiger als das Große dahinter. Es ist, als würde man jemandem, der etwas fürs Herz braucht, Spritzen gegen Hexenschuss geben, weil ihm auch das Kreuz ab und zu wehtut. Wir brauchen mehr Herz für die Europäische Gemeinschaft. Aber wir bekämpfen lieber ein Symptom nach dem anderen und interessieren uns kein Bisschen dafür, mit welcher Krankheit wir es denn überhaupt zu tun haben.

Die eigentliche Krankheit ist die Handlungsunfähigkeit der EU in vielen wichtigen Entscheidungen und in vielen wichtigen globalen Herausforderungen.

Die Handlungsunfähigkeit, die ständig weiter genährt wird, durch Egoismus, Nationalismus, Populismus.

Die Handlungsunfähigkeit, die zu oft von nationalen Politikern politisch missbraucht wird.

Die Handlungsunfähigkeit, die durch Ängste geschürt und durch Desinformation in der Gesellschaft gefestigt wird.

Die Handlungsunfähigkeit, die es den Nationalstaaten ermöglicht, die EU zum Sündenbock zu machen, während sie eigentlich selbst dafür verantwortlich sind.

Wir sind unfähig in Sachen Zusammenhalt. Es mangelt uns an Rücksicht auf andere in wichtigen gemeinsamen Entscheidungen zu Außen- und Sicherheitspolitik. Und am gefährlichsten ist die Unfähigkeit, die eigenen Grundwerte in den Mitgliedsländern zu schützen. Wenn Länder wie Polen und Ungarn unsere Werte wie Freiheit und Solidarität über Bord schmeißen, wer sind wir dann noch?

Was macht uns noch aus?

Wie sieht uns dann die Welt?

Erinnert ihr euch noch an das Licht aus dem Leuchtturm, mit dem ich die EU am Anfang des Buches verglichen habe? Daran, dass dieses Licht ins Flackern gekommen ist? Nun, das Flackern, das kann ich nicht beschönigen, ist noch lange nicht vorbei.

Eines ist klar: Die Europäische Union kann sich nur dann weiterentwickeln, wenn wir, die europäische Zivilgesellschaft, hinter ihr stehen und an ihrem Fortbestehen möglichst aktiv mitgestalten. Menschen wie ich. Menschen wie du.

Wir sind diese Zivilgesellschaft. Und wenn Menschen wie ich und Menschen wie du diese Rolle nicht wahrnehmen, überlassen wir die Bühne den Nichtstuern. Denen, die sich auf »die da oben« ausreden, die mit »uns da unten« machen, was sie wollen. Denen, die grundsätzlich von nichts etwas wussten und deshalb ebenso grundsätzlich gegen nichts etwas tun konnten.

Mit so einer Einstellung vergeben wir die Möglichkeit, eine Stimme auf der globalen Ebene zwischen anderen Weltmächten zu haben. Die Möglichkeit, den Klimawandel effektiv und schnell zu bekämpfen. Die Möglichkeit, europäische Werte innerhalb und außerhalb der EU zu schützen. An so einer Einstellung muss jeder Reformierungsprozess scheitern. Und das bedeutet: Unsere Zukunft scheitert.

Jetzt, Leute, jetzt haben wir haben noch die Gelegenheit, zu kämpfen und das Ruder herumzureißen. Noch ist es nicht ganz zu spät. Die nächsten Jahre werden entscheiden, in welche Richtung wir uns als Gemeinschaft weiterentwickeln.

Ich habe diese Zeilen atemlos geschrieben. Als würde ich auch hier am Laptop, hier im Sitzen gegen alles anrennen, was sich uns in den Weg stellen könnte. Ich tippe mit Höllengeschwindigkeit auf die Tastatur ein, weil ich mir schon so lange so sehnlich gewünscht habe, das alles niederzuschreiben, um damit möglichst viele Menschen zu erreichen und aufzurufen, mit mir mitzurennen. Es geht um viel, Leute. Es geht, verdammt noch einmal, um echt viel.

Worum handelt es sich also nun bei meinem Rettungsplan für Europa?

Es ist ein Do-it-yourself-Plan. Jeder soll mitmachen, jeder müsste mitmachen. Es geht dabei nicht nur um bloßes Fahnenschwenken oder nette Small Talks. Der Plan ist konkret. Einfach, überparteilich, kreativ, flexibel und Corona-konform. Wir retten Europa durch Sichtbarkeit und Innovation, durch bessere zivilgesellschaftliche Kommunikation über die Zukunft der EU und durch geballte pro-europäische zivilgesellschaftliche Power in allen Mitgliedsländern und darüber hinaus.

Nach der aufregenden Demo-Zeit auf den europäischen Straßen mit der Pulse-of-Europe-Bewegung haben sich zwei wichtige Tools zum zivilgesellschaftlichen Engagement entwickelt, die in den nächsten Jahren eine große Rolle spielen werden. Die sogenannten Hausparlamente und die Do-Tanks.

In den Hausparlamenten setzt man sich im kleinen Kreis innerhalb der Familie oder mit einer Gruppe von Freunden zusammen und mit bestimmten politischen Themen auseinander. Bei den Do-Tanks kann jeder von uns den Zapfhahn zu seiner Kreativität aufdrehen und sie in öffentliche und sichtbare europäische Aktionen umsetzen.

Wir agieren also gleichzeitig in mehrere Richtungen und feuern aus allen Kanonen. Gefragt sind Herz und Hirn. Erwünscht sind Denken und Tun. Nötig sind Gedanken und Umsetzung, Forderung und Aktion.

In den Hausparlamenten sind Bürgerinnen und Bürger ihre eigenen Abgeordneten. Vier bis acht Leute genügen. Der Plenarsaal ist die Wohnung, das Rednerpult der Esstisch. Sofern es die Corona-Maßnahmen zulassen, sind die Hausparlamente mobil. In Wahrheit lassen sie sich eröffnen, wo man will. Daheim, im Kaffeehaus oder, wenn es sein muss, auch im Internet.

Die Idee stammt nicht von mir, es ist eine groß angelegte Initiative, in die ich deshalb aber nicht weniger Herzblut lege. Das Projekt findet in Kooperation mit *Democracy International und Open Petition* statt und wird von der Bundeszentrale für politische Bildung unterstützt. Wir bei Pulse of Europe stellen euch die nötigen Unterlagen und Unterstützung für eure Argumentation zur Verfügung.

Was bringt so ein Hausparlament?

Es macht möglich, sich effektiv und konstruktiv in die Gesetzgebungsprozesse einzubringen und in einem koordinierten engen Austausch mit den politischen Entscheidungsträgern zu treten. Klingt gut, oder? Klingt, als wäre man »denen da oben« nicht egal. Gesetzgebungsprozesse. Entscheidungsträger. Das heißt, euer Wort wird gehört. Und eure Gedanken bedacht.

Die Themen sind mit Stichworten vorgegeben. Aktuell sind das die Zukunft der europäischen und ökonomischen Solidarität, die soziale Ungleichheit und die Generationengerechtigkeit. Die Stichworte für die nächste Runde werden zeitgerecht online gestellt. Die Hausparlamente können natürlich immer tagen, je öfter man sich im Plenarsaal in der Küche versammelt und über die EU diskutiert, desto besser. Viermal im Jahr kommen die Ergebnisse der Diskussion zum Entscheidungsträger, der dann dazu Stellung bezieht und in Kontakt tritt mit den Bürgern. Ziel ist es, europaweit mehrere Tausend Bürger in die Diskussionen miteinzubinden. Die Anmeldung ist nur ein Klick entfernt auf: homeparliaments.eu

Was bringt so ein Do-Tank?

Unser Europa-Do-Tank ist das greifbare Pendant zu einem Think-Tank. Eine Weiterführung in die Praxis, eine Werkstatt für europäische Projekte. Nicht, dass es deshalb ohne Denken abgeht, aber ausschlaggebend ist in dem Fall das Machen.

Mitmachen können und müssten alle, die Hände zum Anpacken und Ärmel zum Aufkrempeln haben. Alt oder jung, gescheit oder genial, aus Stadt oder Dorf. Jeder Mensch, der etwas für seine eigene Zukunft übrighat, ist gern gesehen.

Die Aufgabe ist, Projekte zu entwickeln, planen und durchführen, die das europäische Bewusstsein vor Ort stärken. Diese Projekte können so klein sein, dass sie in einen Kindergarten passen, oder so groß, dass sie ins *Guinness-Buch der Rekorde* gehören. Ob Glühen-für-Europa am Weihnachtsmarkt, Malen-für-Europa an Schulen, Laufen-für-Europa beim Stadtmarathon oder eine Wo-ist-Europa-in-meiner-Region-Reise – wichtig ist vor allem der Für-Europa-Gedanke.

Die Do-Tanks gibt es in hybrider Form, sie finden teils online, teils offline statt. Planen kann man die Europa-Aktionen zum Beispiel online mit anderen Städten und Regionen, durchgeführt werden sie dann offline. Zwei Tools, ein Ziel.

Die Do-Tanks waren schon gut im Laufen, bevor das Corona-Virus alles lahmlegte. Ich hatte das sogenannte *Europe Lab Austria* ins Leben gerufen und damit innerhalb des überparteilichen Vereins *Bürgerforum Europa* ein neues Zuhause für engagierte Europa-Entrepreneure geschaffen. Wir veranstalteten auch Workshops für Ideenentwicklung, Planung und Durchführung, etwa in Weißensee in Kärnten, in Bruck an der Mur, Klagenfurt und Klosterneuburg. Ich stand den Akteurinnen und Akteuren mit meinen Erfahrungen als Betreuerin und Ratgeberin zur Seite, es ging schließlich darum, dabei zu helfen, selbst etwas auf die Beine zu stellen.

Es gab schon eine üppige Liste an Projektideen aus allen Do-Tanks. Die schwieriger umsetzbaren Einfälle sammelten wir in einer Kiste und machten daraus zu Halloween den Friedhof der toten Projekte. Wer Herausforderungen liebt, kann sich gern noch daraus bedienen.

Herausforderungen zu lieben, ist generell eine entscheidende Eigenschaft für die Zukunft. Insbesondere die europäische.

Europa ist kein fertiges Konzept, es ein sich stetig wandelnder Prozess. Der Motor dieser Veränderung sind wir, ihre Bürgerinnen und Bürger. Dafür braucht es zukunftweisende Ideen und Projekte, und die Do-Tanks sind die Kreativschmieden, in denen sie geboren werden können. Wir von Pulse of Europe sind die Geburtshelfer. Impulsgeber, Motivatoren, Unterstützer, was immer ihr braucht.

Do-Tank-Treffen unter Interessierten können in Zeiten von Corona online stattfinden. Das bringt sogar Vorteile mit sich, denn man kann sich viel leichter länder- oder regionenübergreifend organisieren und sich mit anderen europäischen Kollegen zusammentun. Dadurch sind wir vernetzter denn je und dringen an Orte vor, in deren Nähe wir bisher noch nie waren. Wir erreichen Menschen außerhalb unserer Kundgebungsblase.

Hausparlamente und Do-Tanks sind zwei Tools für Bürgerinnen und Bürger, um den Reformierungsprozess der EU voranzutreiben und selbst ein Teil davon zu werden. Ende 2019 kündigte die Kommissionspräsidentin Ursula von der Leyen die *Konferenz zur Zukunft Europas* an. Sie nahm sie sogar in ihrem Regierungsprogramm auf:

»Ich will«, sagte sie, »dass die Europäerinnen und Europäer die Zukunft unserer Union gestalten. Sie sollten eine führende, eine aktive Rolle spielen, wenn wir unsere Prioritäten und Zielvorgaben festlegen. Ich will, dass die Bürgerinnen und Bürger bei einer Konferenz zur Zukunft Europas zu Wort kommen, die 2020 beginnen und zwei Jahre laufen soll. Diese Konferenz soll die Europäerinnen und Europäer zusammenbringen und unseren jungen Menschen, der Zivilgesellschaft und den europäischen Institutionen als gleichberechtigten Partnern eine starke Stimme geben.«

Das ist unsere Chance. Der Moment, auf den wir doch alle gewartet haben. Gleichberechtigt mitzureden und unser europäisches Projekt voranzubringen, ist plötzlich Wirklichkeit geworden.

Aber das können wir nur schaffen, wenn alle davon wissen. Wenn wir uns gegenseitig davon erzählen, sichtbar sind und möglichst viele Menschen aus ihrer Frustration, ihrer Resignation und ihrer Bewegungslosigkeit holen. Wenn wir die berühmte schweigende Mehrheit zum Mitreden bringen, haben wir es geschafft. Dann sind wir eine Mehrheit, die nach dem ruft, was Europa braucht, um für ihre Bürger zu entscheiden.

Dafür reichen kleine elitäre Konferenzen und Bürgerdialoge in kleinen Kreisen unter Politikern nicht mehr aus. Dafür müssen wir in die Breite. Europaweit. National, regional und in der kleinsten Gemeinde sollte jeder Mensch mitbekommen, dass es diese Möglichkeit zur Partizipation gibt. Jeder Mensch sollte mitmachen und noch seinen Enkelkindern davon erzählen: Wir haben damals Geschichte geschrieben.

Ich rufe euch auf!

Hängt euch eine EU-Fahne um die Schultern wie wir von Pulse of Europe. Wenn ihr noch keine habt, könnt ihr euch auch eine eigene in euren Lieblingsfarben basteln. Eine Patchwork-Fahne. Motiviert andere sichtbar und laut, für die europäischen Werte einzustehen, besonders außerhalb der Wahlkampfzeiten. Holt euch einen Europa-Pulli, oder Europa-Socken oder Europa-Schals und zieht sie so oft wie möglich an, damit sie gesehen werden. Mittlerweile gibt's immer mehr Kleiderfirmen, die sich darauf spezialisieren, zum Beispiel *European by choice* oder *Souvenir Official*.

Feiert den Geburtstag der EU, der seit der Bekanntgabe des Schuman-Plans am neunten Mai 1950 an eben diesem Tag begangen wird und tragt sie in eurem Kalender ein.

Nehmt die »Ode an die Freude« als Klingelton am Handy, alternativ für die ganz Mutigen, die inoffizielle Europa-Hymne »Insieme« von Toto Cutugno. Hört und singt mal so richtig die offizielle Europa-Hymne, diese wunderschöne »Ode an die Freude«, komponiert von Beethoven mit einem Text von Friedrich Schiller. Ich hoffe, du denkst das nächste Mal an mich, wenn die Melodie dir zu Ohren kommt.

Freude, schöner Götterfunken,
Tochter aus Elysium,
Wir betreten feuertrunken,
Himmlische, dein Heiligtum!
Deine Zauber binden wieder
Was die Mode streng geteilt;
Alle Menschen werden Brüder,
Wo dein sanfter Flügel weilt.

Entfachen wir das Feuer im Leuchtturm Europas wieder. Tragen wir es hinaus, weithin sichtbar und fühlbar. Stecken wir andere Menschen mit unserer Begeisterung an. Lassen wir dieses schöne Feuer, das auch in uns lodert, zur Quelle einer neuen Kraft werden. Einer friedlichen Kraft, zum Wohle der Menschen in Europa und der ganzen Welt. Lasst uns Europa kämpfen!

DER RETTUNGSPLAN

Wenn du mein Anliegen bis hierhin mitverfolgt hast, dann kannst du sehr stolz auf dich sein. Ich danke dir von Herzen, dass du dir die Zeit für Europa genommen hast.

Zum Schluss möchte ich dir nochmal die wichtigsten Punkte im Überblick mitgeben! Hier kannst du immer auf sie zurückgreifen und in der To-do-Liste für dich markieren. Je mehr Kästchen wir alle hier unten ankreuzen, desto stärker wird die europäische Idee. Stillstand ist keine Option, ich zähle auf dich!

#forEU

Die Hauptgefahren für Europa im Überblick

Achtung, im Auge behalten!

1. Die europäische Idee und unsere Vorteile durch die EU für zu selbstverständlich nehmen.

2. Die mangelnde Kommunikation zwischen der EU und den BürgerInnen hinnehmen.

3. Die politische Apathie und Müdigkeit vieler Europäer-Innen (die dann folglich nicht gerne wählen oder auch demonstrieren gehen, obwohl sie proeuropäisch gesinnt sind).

4. Die Popularität der »leichten Antworten« auf sehr komplexe Fragen und Herausforderungen unserer Zeit. Und die Nutzer dieser Antworten.

5. Die Unterschätzung der ständigen russischen Des-informationsangriffe und Destabilisierungsversuche auf Europa.

6. Die Überschätzung der Sicherheitslage der EU ohne NATO und USA als Stütze.

Der Do-it-yourself-Rettungsplan für die EU

Das können wir jetzt tun, um die EU zu stärken. Lasst uns...

1. ...EUROPA IM ALLTAG SICHTBAR MACHEN.

Am besten überall, wo und wie du nur kannst. Durch die Sichtbarkeit erreichen wir, was die EU nicht schafft: Menschen im Alltag auf dieses wichtige Thema aufmerksam machen und dabei das Bewusstsein für die EU schärfen.

Einige Beispiele, wie du Europa an dir tragen kannst: blaugelbe Kleidung beziehungsweise Accessoires mit Europa-Sternen (Pulli, Schal, Socken, T-Shirt, Mütze, Mund-Nasen-Schutz und so weiter). Außerdem:

- Eine Europa-Fahne vom Balkon hängen.
- »I love EU«-Sticker sichtbar aufkleben.
- Europa-Handyklingelton und Bildschirmschoner.

Den Erfolg merkst du unmittelbar, wenn dich andere darauf ansprechen. Bingo!

Pro-Tipp: In Liedtexten das »you« durch »EU«
ersetzen und die EU so beim Karaoke mit Freunden
ins Bewusstsein rufen. Zum Beispiel:

I will aaalways loooove EU
Never gonna give EU up
My life would suck without EU

2. ...DIE ZUKUNFT DER EUROPÄISCHEN UNION MITBESTIMMEN.

Klingt krass, ist aber es geht. Wir können Teil der offiziellen »Konferenz zur Zukunft Europas« werden und mitentscheiden, wohin es mit der EU geht. Ewig Zeit haben wir dafür aber nicht, denn das Angebot steht nur bis einschließlich 2022. Ziel ist es, gemeinsam mit allen EU-Institutionen, Mitgliedstaaten und Unionsbürgern darüber zu diskutieren, wie die Zukunft der Europäischen Union aussehen soll. Wie deine Stimme auch dort miteinfließt? Informiere dich online.

Pro-Tipp: Eine effektive Gelegenheit zur Partizipation sind die europäischen Hausparlamente unter homeparliaments.eu

3. ...DAS EUROPÄISCHE BEWUSSTSEIN STÄRKEN. ☐

Was meine ich damit? Mit gezielten Aktionen das Bewusstsein dafür stärken, wer wir EuropäerInnen sind und wofür wir stehen. Egal, wo du wohnst, wo du herkommst, wie alt du bist oder welchen Beruf du hast: Dein Engagement ist hier sehr wichtig und entscheidend.

Einige Bespiele dafür:

- Am 9. Mai eine Europa-Fahne aus Menschen bilden.
- Europa-Weihnachtsplätzchen backen und mit Freunden teilen.
- Stolpersteine für die europäische Idee vor Ort organisieren.
- Ein Europa-Jahr an Schulen (als Motto) durchführen und aufklären.

Deiner Kreativität sind keine Grenzen gesetzt.

Pro-Tipp: Die #PulseofEurope Do-Tanks sind eine gute Gelegenheit zur Vernetzung und um dich kreativ auszutoben. Kontaktiere mich unter nini.tsiklauri@pulseofeurope.eu

4. …LOKAL AKTIV WERDEN. ☐

Viele kleine Leute in vielen kleinen Orten, die viele kleine Dinge tun, können das Gesicht der Welt verändern.

Diese Afrikanische Weisheit, die mir an der Berliner Mauer begegnete, machte mir eines klar: Veränderung beginnt im Kleinen und direkt vor unseren eigenen Haustüren. Finde heraus, welche zivilgesellschaftlichen Europa-Initiativen es in deiner Nähe gibt und wenn du keine findest, sei selbst die Veränderung.

Pro-Tipp: Du kannst jederzeit deinen eigenen #PulseofEurope Standort anmelden unter pulseofeurope.eu

5. ...FÜR EUROPA OUT-OF-THE-BOX DENKEN.

Dir gehen langweilige Podiumsdiskussionen oder Talk-Shows über Europa schon richtig auf den Keks? Du findest, dass dort immer derselbe Kreis von Menschen redet und hast öfter mal ein Déjà-Vu-Erlebnis dabei? Dann wird es Zeit, alte Herangehensweisen zur Kommunikation zu überwinden. Wir müssen dabei innovativ denken und neue Elemente reinbringen.

Pro-Tipp: Stell dir die folgenden Fragen:
Wie könnte ich mit einem europäischen Thema
Menschen aus der breiten Bevölkerung begeistern,
vielleicht sogar junge Menschen, und ihre Aufmerksam-
keit bekommen? Wie könnte ich diese Europa-Diskussio-
nen spannender und leichter verständlich machen?
Was könnte ich tun, um viele ZuschauerInnen oder
ZuhörerInnen für Europa-Themen zu gewinnen?

6. ...ÜBER EUROPA STREITEN. ☐

Die europäische Demokratie lebt von Debatten und Vielfalt. Wenn jemand andere Standpunkte hat als du, gib dir einen Ruck und geh mit der Person auf eine Tasse Kaffee, statt gleich zu flüchten. Trau dich mal, dich mit einer anderen Perspektive zu konfrontieren und wenn es sein muss, streitet, was das Zeug hält.

Pro-Tipp: Reserviere eine leere Seite in deinem Notizbuch für Europa und trag dir deine wichtigsten Punkte ein, warum es sich lohnt, um Europa zu kämpfen.

7. ...WÄHLEN, WÄHLEN, WÄHLEN. ☐

Egal auf welcher Ebene. Sorge dafür, dass deine Stimme gehört wird!

Pro-Tipp: Wenn mal woanders in Europa wichtige Wahlen stattfinden, schicke deinen Freunden und Bekannten von dort eine Wahlerinnerung.

8. ... EINER EUROPÄISCHEN ORGANISATION BEITRETEN. ☐

Ob Partei oder NGO. Parteiisch, oder überparteilich. Mach deine Standpunkte klar, nimm deinen Mut zusammen und kämpfe für das, wofür du stehst. Wenn du es nicht tust, wer dann?

9. …EINE EUROPÄISCHE BEWEGUNG UNTERSTÜTZEN ODER STARTEN. ☐

Die Kraft der Zivilgesellschaft kann Mauern niederrei-
ßen. Wortwörtlich. Zivilgesellschaftliche Bewegungen
oder Kampagnen können eine echte positive Veränderung
bewirken. #PulseofEurope, oder #FreeInterrail sind gute
Beispiele dafür. Trau dich, die Welt zu verändern!

10. ...DEN MUND AUFMACHEN. ☐

Bei Xenophobie, Homophobie, Sexismus oder Rassismus nicht schweigen, sondern ordentlich mal die Meinung sagen. Sowohl online als auch offline.

11. ... EIN ZEICHEN FÜR TRANSNATIONALE EUROPÄISCHE SOLIDARITÄT SETZEN.

☐

Echte Europäerinnen und Europäer sind füreinander da, längst miteinander verbunden, verflochten und auch voneinander abhängig. Eine Veränderung in einem anderen europäischen Land geht uns genauso an, wie eine Veränderung im eigenen Land. Bei bestimmten Wahlen oder Referenden entscheiden wir auch für die anderen mit, jenseits der imaginären Grenzen und tragen daher große Verantwortung füreinander. Stärken wir uns gegenseitig! Online unter dem Hashtag #EUsolidarity und offline durch kreative symbolische Solidaritätsaktionen.

12. … TEILE DEIN EUROPA ENGAGEMENT IN DEN SOZIALEN MEDIEN.

☐

Wenn du gerade einen Europa-Moment erlebst, ganz klein oder ganz groß. Oder wenn du einen dieser Rettungsplanpunkte umgesetzt hast, teile es mit dem Hashtag #forEU mit der Welt. Ich freue mich über deine Beiträge.

Omar Khir Alanam

SISI, SEX UND SEMMELKNÖDEL

Ein Araber ergründet
die österreichische Seele

edition a

Omar Khir Alanam
Sisi, Sex und Semmelknödel
Ein Araber ergründet die österreichische Seele

2015 kam er kurz vor der großen Flüchtlingswelle nach Österreich. Inzwischen lebt Omar Khir Alanam gut integriert mit seiner österreichischen Frau und einem kleinen Kind in Graz. In den vergangenen fünf Jahren hörte er sich von den Österreichern an, wie Araber sind und wie sie nicht sind. In diesem Buch vertauscht er die Rollen und erzählt den Österreichern, wie er selbst sie erlebt hat und was er über sie und die österreichische Seele herausgefunden hat. Eine witzige Abrechnung, die es den Angesprochenen ermöglicht, sich dennoch wertgeschätzt zu fühlen.

288 Seiten, 22 €
ISBN: 978-3-99001-381-6